AF597168

LETTRES

D'UN MÉLOMANE

pour servir de document à l'histoire musicale de Naples de 1829 à 1847

AVEC UNE PRÉFACE DE

F. VERDINOIS

NAPLES

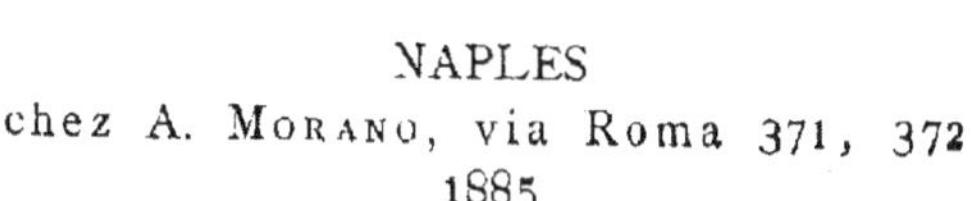

chez A. Morano, via Roma 371, 372

1885

Napoli, R. Stab. Tipografico Comm. Francesco Giannini & Figli

LETTRES D' UNE MÉLOMANE

seconda edizione

Prezzo Lire 2,00.

Napoli Giugno 1885

Signor

Piacciavi dirmi qual numero di copie desiderate avere del-
a 2.ª edizione delle Lettres d'un Mélomane *acciò ve ne possa*
ar l' invio.

Con tutta stima e considerazione

A. MORANO

GIUDIZII DEI GIORNALI

Corriere della sera di Milano del 5 Maggio 1885.

La voix du passé, toute faible et éloignée qu' elle soit, a quelquefois plus de force que le chœur à grand orchestre de l'avenir.

F. VERDINOIS.

Ha fatto opera buona il Verdinois scrivendo per il libro del Cottrau una bellissima prefazione. Quanti amano l' arte sono con lui nel convenire che, molto più delle date e dei nomi degli autori e dei luoghi dove essi hanno composto i loro capolavori, è interessante il vedere in quali condizioni di spirito questi lavori furono concepiti, e che seguito di delusioni, di trionfi, di dolori, d' amori e di invidie hanno dovute attraversare.

È interessante nell' artista ricercare l' uomo, la passione del cuore nel lavoro dello spirito, la piccolezza nella grandezza.

Non è inutile sapere, per esempio, quanto il Donizetti fosse ammiratore entusiasta di Bellini.

Assistendo alla prima rappresentazione della *Norma* al S. Carlo di Napoli, dal palco appunto del Cottrau, il Donizetti dopo avere ascoltato religiosamente l' *introduzione,* che chiamò *stupenda,* aggiunse:

— Darei tutte le mie opere, se mi fosse solo dato comporre un' introduzione come questa!

Nè è a credere che Donizetti fosse esagerato partitante di scuole o di nazionalità di maestri. Una sera, trovandosi a Vienna alla rappresentazione del *Flauto magico* di Mozart, mentre era estatico alle bellezze di quella divina musica, gli si avvicinò un italiano e gli disse meravigliarsi, come lui, Donizetti, potesse starsene ad udire con tanta attenzione una musica *fredda* e *debole*.

— Nè *fredda*, nè *debole* — rispose, con impeto di sdegno, Donizetti — ma *calda* e *forte*: Studiatela bene questa musica', studiatela con amore e così forse potrete diventare un maestro *caldo* e *forte*!!

La stima che Donizetti ancor giovane godeva dal suo maestro Mayr era così illimitata, che, essendo il Mayr sollecitato ad accettare un contratto per Napoli, scriveva al celebre Barbaja: « Prendete Donizetti, sarà come se fossi io stesso. » — Quasi nello stesso tempo Mendelssohn scriveva: « *Donizetti bâcle un opéra en dix jours.*

E il Cottrau: « Il est bien vrai que la fécondité de Donizetti lui fait du tort, mais il est encore le *maestrone* du jour! »

Eppure questo *maestrone* non nascondeva o scusava in nessun modo i propri *fiaschi*, quando li faceva — e ne fece parecchi — e ciò a grande differenza dei maestri del giorno, i quali nella loro carriera non hanno che successi, soltanto successi!

— « Fiasco, e fiasco sia » — scriveva Donizetti nel 31 gennaio del 1844 da Vienna, dopo la rappresentazione della sua *Caterina Cornaro*. « Ne assumo tutta la responsabilità, la colpa ed il castigo. »

Con non minore spirito, nell' agosto del 1835, Luigi Ricci annunciava al Cottrau un suo fiasco:

—.... « Ti do notizia della mia nuova opera *Chiara di Montalbano*, andata in scena il 15 del corrente alla Scala di Milano, che ha fatto un fiasco deciso. Se volessi darti delle ragioni ti direi delle corbellerie — dunque è meglio che la colpa me la prenda tutta addosso di me. »

Il Cottrau che è vissuto dal 1827 al 1847 — nell' epoca più gloriosa per l' arte melodrammatica—fu amico, protettore, consigliere dei più grandi maestri. A Donizetti procurò lezioni di canto, a Bellini aperse le porte dell' Opera di Parigi. Con Meyerbeer, Mendelssohn, Rossini, Spontini, e con i più celebri artisti, fra i quali giganteggia la figura della Malibran, il Cottrau ebbe una vera famigliarità.

E nel suo libro, o in forma di lettera o di appunti, il Cottrau fornisce proprio un tesoro di documenti preziosissimi per la storia musicale di Napoli dal 1829 al 1848. Documenti dai quali, come oggi abbiamo principiato, così si potrebbe continuare un altro giorno, spigolando aneddoti, ricordi e curiosità artistiche.

Da questi documenti risulta tanto indivisibile il nome di Milano da quelli di Donizetti e di Bellini, da persuaderci che interessantissimo pure riescirebbe un libro che raccogliesse le memorie di questi grandi maestri in relazione alla nostra città.

Bellini, nelle sue lettere a Cottrau, parla ripetutamente di Milano.— Nel 1830 egli voleva qui musicare l'*Ernani* di Victor Hugo, che diceva piacergli assai e piacere parimenti alla Pasta. Ma quest'opera rimase incompleta per certe controversie artistico-amorose. Difatti, c' era un'altra prima donna che desiderava che Bellini scrivesse un'opera espressamente per lei: la Malibran. Essa gliene aveva fatto proposta a Londra, offrendosi di pagare l'opera. Riconosciuta l'impossibilità di combinare tale affare, la Malibran si accontentava d'un' *aria* almeno. Ma anche a ciò si opponeva l'intimità che passava fra Bellini e la Pasta.

È facile immaginare come se la siano passata fra loro poi queste due artiste, quando si trovarono un bel giorno tutte e due acclamate interpreti della musica di Bellini, acclamate e ben pagate.

Ben pagate, perchè nel 1834 la Malibran, per cantare la *Norma*, in 40 rappresentazioni, dal novembre al febbraio, ebbe 80,000 franchi e due beneficiate; e fu poi scritturata per 45 rappresentazioni a 2000 franchi l'una.

Ma era la Malibran!!

' *Capitan Fracassa* di Roma del 2 e 3 Maggio

Il melomane aveva nome Guglielmo Cottrau. Le lettere sono stampate, a Napoli, dal Morano, l' editore di Francesco de Sanctis e di Luigi Settembrini. Si tratta, come vedete, d' un libro, e d'un libro napoletano, il più napoletano, forse, di quanti ne siano venuti fuori negli ultimi anni senonchè questo libro napoletano è scritto, quasi tutto, in francese; francese il titolo: — Lettres d'un mélomane *pour servir de document à l'histoire musicale de Naples de 1829 à 1847;* francese la prefazione, scritta però da un napoletano, che porta un nome francese: Federigo Verdinois; francese è l'insieme, la composizione, la disposizione del volume, illustrato e chiarito opportunamente qua e là con notizie, date, piccoli riassunti, che dicono e insegnano e riescono utili e comodi più di molti dotti, pesanti, interminabili volumi.

Pure dirà qualcuno: — perchè tutto questo francese se si tratta di Napoli e della sua storia musicale di questo secolo? Per una ragione semplicissima: il melomane, di cui si pubblicano le lettere, era nato francese e scriveva alla madre, alla sorella, al fratello, francesi essi pure, e che vivevano lontani da lui. Le sue erano confidenze intime, notizie d' arte, riflessioni, impressioni, che avevano tutta la schiettezza della cronaca familiare, tutta la chiarezza e la precisione dell' idioma francese, tutta la vivacità dell' ambiente napoletano.

Ora non era possibile mettere la mano in questo tesoro frammentario senza sciuparlo; nè d'altra parte, una volta decisa la consegna alla storia e all' aneddoto della preziosa raccolta, si poteva rinunziare a mandarla per il mondo in veste diversa da quella che le fu data. Le *Lettres d'un mélomane* troveranno, dovunque, ospitalità, conquisteranno, dovunque, diritto di cittadinanza, s' è vero, come scrive il Verdinois, nella sua bella prefazione, che vi son sempre, nella folla, anime elette che si piacciono dei ritornelli d' altri tempi come il viaggiatore che ricorda la patria, come il vecchio che si culla nei ricordi dell' infanzia. E qui la patria è la musica nel periodo del suo svolgimento mondiale, nell' apogeo della sua grandezza; qui i ricordi sono i più intimi, e i più freschi, ancora oggi, di Bellini, di Donizetti, di Rossini, di Meyerbeer, di Mendelssohn, della Malibran, di Lablache, della Frezzolini, di tutta la fioritura, primaverile e impetuosa, dell' età dell' oro della musica; qui i vecchi — se ancora ve ne sono — i vecchi che udirono, e applaudirono, e delirarono, e gioirono e piansero i primi con Amina, e fremettero i primi con Norma, ricorderanno; qui ai giovani parrà di vivere in un mondo, che giunse a loro come il racconto d' un' epoca meravigliosa, d' un tempo di fate, di cherubini, di maghi, vaganti su per le scene di teatri col proposito di estasiare, di commuovere, di deliziare il genere umano.

Guglielmo Cottrau, il melomane in questione, nacque a Parigi il 9 agosto 1797. Il padre suo, che aveva esordito nella vita come segretario del ministro Malesherbes, che fu difensore di Luigi XVI, venne a Napoli, quando il regno cadde nelle mani prima di Giuseppe Bonaparte e poi di Gioacchino Murat; egli fu uno degli organizzatori del nuovo ordine di cose; ebbe nelle sue mani l' amministrazione interna, quella dei lavori pubblici, l' ispezione delle forze di terra e di mare col grado di maresciallo di campo; capo stipite d' una razza d' artisti, venuti gli anni della pace e della restaurazione borbonica, potè continuare a stare a Napoli, e passò da quello della politica e delle armi, nel campo delle arti. Fu presidente dell' Istituto di belle arti, segretario perpetuo della *Pontaniana*, presidente della *Filarmonica*, e della Giunta dei regi teatri. Ebbe tre figli; due maschi; Guglielmo, di cui si pubblicano ora le lettere; Felice, pittore, così innanzi nell' arte sua, della quale si conservano ammirevoli saggi nella pinacoteca di Capodimonte, da meritare che Domenico Morelli lo battezzasse « precursore della *scuola verista* »; ed una donna, Lina Cottrau, il cui talento musicale fu così grande che, nei tempi della Malibran, della Pasta, della Persiani, i maestri più celebri, da Rossini a Pacini, facèvano a gara per scrivere arie e rondò per lei e saperli e sentirli da lei cantati.

Dei tre, Guglielmo Cottrau, rimasto a Napoli, fu il capo, senza che il suo nome figurasse mai in pubblico, d'una ditta editrice musicale, acquisita alla storia dell' arte: Girard e C. Ma Girard non era che un associato. Guglielmo Cottrau era l' anima, la direzione, la vita della casa che, per lunghi anni, monopolizzò saviamente, onestamente, le opere di Donizetti, Mercadante, Bellini. Da lui nacquero tutti i Cottrau, di cui il nome è chiaro in Italia: Teodoro, che proseguì la ditta paterna con assai minore fortuna, ma con grande talento; Paolo, il comandante di marina, notissimo scrittore di cose navali, amabile, simpatico gentiluomo; Alfredo, l' ingegnere meccanico illustre; Giulio, l'autore della *Griselda;* Felix, che rallegrò lungamente l' Italia coi *Lunedì d' un dilettante.*

Siamo, come vedete, alla terza generazione di una famiglia d'artisti; quanti sono nel mondo con questo nome di Cottrau, qualunque cosa facciano o affermino di fare, non sono altro che artisti e restano artisti sempre, vadano dovunque, innalzino ponti o facciano corazze o discorrano e scrivano di balistica, di siluri, di torpedini, di costruzioni metalliche o navali...

E le *Lettres d'un mélomane?*

Abbiate pazienza e udite schietta la confessione; io le ho lette, rilette e son tornato a leggerle da capo e, per renderne conto, non so da quale parte incominciare. C'è tanta musica e tanta reminiscenza di musica nella mia testa, che io ho, dentro il cervello, senza volerlo, tutta una confusione di melopea infinita. Figuratevi che si parla di Gaetano Donizetti quando il Cottrau lo raccomandava perchè potesse dare lezioni di canto a dieci lire; dei primi tentativi perchè a lui e al Bellini fossero aperte le porte dell' Opera di Parigi; della Malibran e d'ogni particolarità della sua vita come finora a nessuno era riuscito; di tutte le vicende e le trasformazioni di una *Maria Stuarda* del Donizetti, intorno alla quale e a un tentativo di resurrezione che se ne fece, ai miei tempi, ho io pure qualche cosa da dire; dei primi passi di Bériot e di Benedict in Italia; di Mendelssohn a Napoli e del perchè volle andarvi; di Berlioz e del suo fegato, irreparabilmente guasto e malato; di Meyerbeer, delle sue tenerezze e delle sue passioni, durate fino agli ultimi anni, per noi; di Rossini e del suo lazzaronesimo spietato, della tragedia di Nourrit, e di Chopin e della Sand che andarono a incontrare il corpo del tenore suicida a Marsiglia; di Spontini, grand' uomo e don Pomponio al tempo stesso, se uno ve ne fu mai...

Guglielmo Cottrau fu l' amico, il consigliere entusiasta di molti di costoro, di altri che non nomino per non fare un sommario di proporzioni sterminate. Egli era al giorno di tutto il movimento intellettuale di Europa. Egli scriveva annali, giornali, riviste, trattava coi maestri, regolava i *noli* con gli impresarii, difendeva, fino al possibile, in tempi difficili, la proprietà che mai come allora, nel campo artistico, era ritenuta dai più onesti un furto. E facendo tutto ciò, e pensando a tante cose, e mettendo al mondo una quantità di figliuoli, mandava per l'Europa, anonime, le canzoni napoletane, in raccolte, rimaste famose come *Fenesta che lucivi, Fenesta vascia e patrona crudele* e tante altre . . . . .

il Barone Cicogna

CURIOSITÀ E ANEDDOTI

(Spigolando nelle *Lettres d' un mélomane*).

Gaetano Donizetti aveva già scritto nel 1829 l'*Esule di Roma,* che ebbe un successo colossale, e il *Gianni di Calais,* del quale sopravvivono ancora oggi alcuni pezzi, stimati veri gioielli di spontaneità musicale. Ebbene, come accennò ieri il *barone Cicogna,* a quei tempi non bastava un'opera, e nemmeno dieci, una più fortunata dell'altra, a dare da vivere, e Guglielmo Cottrau scriveva il 4 giugno 1829 alla sorella a Parigi:

— « A proposito di Donizetti, che mi chiede sempre tue nuove, io l' ho indotto a dare qualche lezione di canto a due *piastre* (10 lire e 10 centesimi) l' una; egli ha già una dama russa, ma io vorrei che tu lo proponessi alle tue amiche, le quali verranno qui come il solo eccellente maestro; ciò che, del resto, è la pura verità ».

⁂ Il clamore, sollevato dall' *Hernani* non poteva rimanere senza eco; e nelle *Memorie di Felice Romani,* la vedova, signora Branca, scrive del marito:

« Aveva cominciato il melodioso *Ernani* e ne era già preparata una buona parte, onde il giovane maestro (Bellini) potè mandare il duetto tra *Ernani e Elvira* al venerando Zingarelli, il quale trovò particolarmente bellissimo l'*andante* ». Il 15 luglio 1830, Bellini stesso scriveva al Cottrau: — « L' *Hernani* mi piace assai e piace parimenti alla Pasta, a Romani e a quanti l' hanno letto; nei primi di settembre mi metto al lavoro ». Il progetto non ebbe seguito e più tardi spettava a Giuseppe Verdi d' impadronirsi dello stesso argomento.

⁂ La Malibran fischiata a Roma. — « Avrai saputo (lettera di G. Cottrau, 25 agosto 1831) che il popolo sovrano non s'è fatto scrupolo di fischiare la *Malibran,* al suo debutto, nell' *Otello,* a causa, è vero, del quadruplicato aumento dei prezzi, Ciò che è anche peggio, più tardi, essa fu confusa negli applausi dati a un detestabile tenore ».

⁂ Chi non ricorda i versi famosi di A. de Musset per la morte della Malibran, e la tenerezza e il rimpianto del poeta per lei che, in ogni creazione, lasciava una parte di vita, un pezzo di cuore? Ebbene, state a sentire in che forma di verità semplice e spietata la critica, l' osservazione, la conoscenza della persona poetizzata, distruggono la leggenda:— « Quest'ammirevole attrice non si scordava mai essere tale; e anche servendosi con moltissimo gusto e con una mobilità di fisionomia stupefacente di tutte le risorse dell'arte drammatica, non c'era caso si lasciasse trascinare al di là da una di quelle ispirazioni improvvise che muovono dal cuore. È stata la signora Malibran, ella stessa, che mi ha confermato in questa osservazione quasi istintiva, provandomi quanta ricerca d' analisi c'era nelle sue creazioni, e burlandosi di quanti magnificavano le sue pretese improvvisazioni di canto e di azione scenica, preparate invece da lunga pezza e numerate in un *carnet* speciale per un dato numero di rappresentazioni ». — Inoltre, secondo il melomane, la voce della Malibran era delle più ribelli e la cantante metteva come una specie di artistica vanità a domarla. Confessava la Malibran d'aver studiato per sei anni il *rondò* della *Cenerentola* senza esserne, dopo tanto tempo, venuta ancora a capo.

⁂ Il 15 agosto 1834 era annunziata per il San Carlo di Napoli l'opera nuova di Donizetti: *Maria Stuarda.* Il 18 settembre dello stesso anno, il *Cottrau* scriveva: « Non si dà più la nuova opera di Donizetti, per lo meno col titolo di *Maria Stuarda* e neppure con quello di *Giovanna Gray* che avevano sostituito, schiaffeggiando la storia, poveretta.....I due *soggetti* sono posti all'indice dal re in persona... » Il re era Ferdinando II, che più tardi proibì il *Poliuto* con queste parole: « i fasti della chiesa restino in chiesa! » preludendo così alla sentenza, schiettamente volteriana, pronunziata dal povero Jacovacci, qualche anno prima di morire, quando gli proponevano appunto il *Poliuto* per l'Apollo: « a Roma, su la scena, li cristiani non ce li vonno! »

⁂ Il curioso — per una delle due proibizioni, quella della *Stuarda*— sta in ciò: mentre l'opera, quand'era ancora *Maria Stuarda*, si provava a S. Carlo, proprio nella scena famosa, in cui *Maria Stuarda* e *Elisabetta* si dicono cose dell'altro mondo, la Ronzi e la del Sere passarono dalle parole ai fatti. Erano rivalità artistiche, covanti dentro di loro e, in quel punto, vennero fuori senza possibilità di frenarle. « La Ronzi e la del Sere vennero alle mani sul serio; *Elisabetta* prende *Maria Stuarda* pei capelli, la schiaffeggia, la morde, le pesta la faccia coi pugni e le rompe quasi le gambe a furia di calci. *Maria Stuarda*, sbalordita, riprende coraggio, fa fronte all'attacco e piglia animosamente l'offensiva, di modo che la del Sere cadde quasi senza sentimento e fu portata a letto svenuta.

⁂ Da una lettera del 14 giugno 1835, che molti critici potrebbero e dovrebbero seriamente meditare: « Bisogna guardarsi bene, a quel che pare, di pronunziarsi troppo sollecitamente sul merito della musica che si ascolta per la prima volta. Se essa è veramente nuova, non si è forse tentata di giudicarla barocca? E triviale s'è semplice? Che cosa non fu detto di opere, delle quali non si ardirebbe di contestare più il valore, a cominciare dalla *Semiramide*, rimasta un anno negli scomparti del magazzino Girard senza trovare compratori, fino ai *Puritani* condannati con una sola parola, chiamandoli *musica francese?* Non ho forse udito io stesso Lablache, alle prove della *Sonnambula*, dopo il finale del secondo atto, dichiarare che non sarebbe giunta a termine questa detestabile *chitarrata*? E dopo, che non ha detto della *Norma*?... »

⁂ L'annunzio e la constatazione di un fiasco, così come si usava in quei tempi: — *Milano*, 17 *agosto* 1885. Caro Cottrau. Prima di tutto ti do le nuove dell'esito della mia nuova opera *Chiara di Montalbano*, andata in iscena il 15 del corrente alla Scala, che ha fatto un *fiasco deciso*....La caduta dell'opera è stata solenne ed in tutte le forme ». Chi scriveva così era Luigi Ricci, compositore geniale e creatore, insieme al fratello Federico, di alcuni capolavori di musica buffa. E soggiungeva, sempre scrivendo al nostre melomane-editore: « Se volessi darti delle ragioni, ti direi delle corbellerie: è meglio dunque che la colpa (del fiasco) me la prenda tutta addosso a me. Spero che questo mi sia di preludio a un prossimo successo e, il cielo voglia, possa essere in Napoli ». Adesso l'autore fischiato scrive o fa scrivere su pei giornali: il pubblico è un asino che non capisce... E tanto più s'ostina a dirlo quanto più limpidamente è dimostrato che l'asino è lui.

⁂ Fin dal 1836, Bellini mandò a Napoli, al Cottrau, un libretto sull'argomento del *Ballo in maschera*, tratto dal noto dramma: *Gustavo III*, augurandosi la censura non meticolosa. Non resulta dal libro quel che la censura pensasse allora del *Gustavo III*; più tardi, però, quando nel 1857, Verdi doveva dare al S. Carlo il *Ballo in maschera*, la censura mise il *veto*, e in che forma! Si giunse fino a presentare al Verdi un altro libretto, con l'azione trasportata a Firenze, ai tempi dei Guelfi e dei Ghibellini. Il paggio era diventato un giovane cospiratore pazzarello e saltellante. Sarebbe una bella curiosità di storia musicale pubblicare i due libretti nelle loro varianti. Io gli ho visti confrontati e discussi, in una memoria legale del tempo, firmata dall'avv. Ferdinando Arpino, e son passati circa vent'anni da quella lettura e non m'è uscita mai dalla mente l'impressione della risata schietta e fragorosa che non potetti rattenere. Carattere di ferro, tenne duro, e i tribunali borbonici gli dettero ragione.

⁂ Due ricordi, che hanno, per così dire, un'attualità della giornata. Nel 1844 Carlo Dickens era a Napoli e sentì al teatro S. Carlino *Gli appassionati di Thalberg*, una di quelle tante parodie, improvvisate, di attualità che tolsero a Pasquale Altavilla la possibilità di diventare grande come Goldoni, ma rallegrarono, per cinquant'anni di seguito, una città di cinquecentomila persone. Il principe dei romanzieri moderni così scriveva di quella rappresentazione alla sorella: — « Al *San Carlino* trovai negli attori una tale potenza e una tale verità nel cogliere e riprodurre la vita del paese che io non credo questo teatro, nel suo genere, possa avere rivali in alcun luogo del mondo ». Ora son morti tutti quegli artisti e non esiste nemmeno più il teatro delle loro gesta. Ma, qui, al *Valle*, lo Scarpetta e il Pantalena possono sentirsi, come eredi quasi legittimi dei residui della passata grandezza.

⁂ Annunzia un dispaccio da Cremona: Lauro Rossi è morente. — Povero combattente dell'arte! Nel 1835 era già sulla breccia, al San Carlo di Napoli, con l'*Amelia*, cantata dalla Malibran. L'opera non ebbe fortuna, ma Guglielmo Cottrau la giudicava « *spontanée et chantante* ». E Lauro Rossi onorò l'arte sua con la seria coltura, con l'insegnamento, col *Domino nero*, un gioiello musicale a torto dimenticato.

Roma del 3 Maggio

Chi fra i napolitani non conosce per fama Guglielmo Cottrau, *un uomo di grandissimo merito*, come ebbe a chiamarlo il Marco Monnier in un articolo nel *Journal des Débats?*

Nato a Parigi il 1797 e morto fra noi il 1847, era di musica appassionatissimo ed egli medesimo geniale compositore. Figlio d'un alto funzionario nell' amministrazione francese ed in quella napoletana sotto i Napoleonidi, prese stanza in questa città occupandosi solo di belle arti, di teatri, e, come editore musicale, specialmente di maestri e di artisti di canto.

Egli fu dunque in parte testimone ed in parte attore nella storia artistica svoltasi con tanto splendore in Napoli dal 1829 al 1847. Però ciascuno intende di leggieri di quale importanza e curiosità aneddotica siano le *Lettres d' un mélomane* (il Cottrau) che la pietà de'figliuoli, dopo una giudiziosa scelta fra le carte di famiglia, raccolse e pubblicò in un elegante volume pei tipi del cav. A. Morano. Contengono importanti informazioni sulla Malibran, Nourrit ed altri, e da esse si viene a conoscere il vero autore di molte celebri canzoni napolitane, che fu il medesimo Cottrau.

Sono lettere che si leggono d' un fiato con sommo gusto e profitto, tanto più che il Cottrau era colto e per giunta brioso scrittore di libri e di articoli.

Nè questo è il solo pregio di simile pubblicazione; perchè la precede uno scritto del signor Verdinois in idioma francese, che con bel garbo e fine critica inizia il lettore agli argomenti trattati dall' egregio e simpatico *mélomane*.

Finalmente per giunta di buona derrata, notiamo alcune lettere inedite o poco note del Donizetti, Bellini, Spontini, Ricci e Sand.

L'Italie di Roma del 4 Maggio 1885.

Lettres d' un mélomane pour servir de document à l' histoire musicale de Naples de 1829 à 1847. avec une préface de F. Verdinois.— Naples, chez A. Morano, Via Roma, 1885.

Ce mélomane est M. Guillaume Cottrau, homme de lettres, compositeur, éditeur de musique, né à Paris en 1797 et mort à Naples en 1847.

Les lettres publiées aujourd'hui sont des extraits de la correspondance qu' il entretenait à Paris avec sa mère, sa sœur et son frère: on a donné la préférence aux lettres qui concernent plus spécialement la musique, les théâtres et les beaux-arts.

Outre les détails inédits qu'elles contiennent sur la Malibran et sur la mort tragique de Nourrit, ces lettres sont pleines d'esprit, de finesse, de sensibilité, de saillies heureuses et de gaiété qui nous révèlent l' inventeur de ces fameuses *canzoni* napolitaines faussement attribuées à la fantaisie du peuple.

L'éditeur qui a pu fouiller dans les papiers de famille, y a ajouté des lettres peu connues ou inédites de Bellini, Donizetti, Spontini, Ricci, G. Sand, qui jettent un nouveau jour sur l'histoire musicale de 1830 à 1848.

Nous devons savoir gré de cette intéressante publication à M. Verdinois qui l'a fait précéder d'une brillante préface et à M. Jules Cottrau, le fils du *mélomane*, qui a fourni les matériaux.

Riforma del 18 Maggio 1885

VENTI ANNI DI MUSICA.

Sono i vent'anni più gloriosi del melodramma italiano che si rifanno dinnanzi al pensiero, in tutti i loro splendori, con quelle *Lettres d' un mélomane,* ma che meriterebbero più larga menzione, per sola virtù dell'argomento, anche se, per se stesse, non riuscissero interessanti.

Le persone a cui dobbiamo questa pubblicazione sono state mosse, più che da intenti critici, da ragioni sentimentali: sono figli amorosi e superbi della memoria di un padre, che avrebbe certo potuto crearsi nell'arte una grande personalità, e che, in ogni modo, pei contatti avuti coi massimi artisti dell'epoca, diventa di questa un fattore importante. Essi non vogliono essere altro, in questo libro... Epperò questo libro fornisce un materiale prezioso per la nostra storia musicale. — A questo titolo, dovrà far parte della biblioteca di ogni buongustaio; e mentre toccherà sempre soavemente le anime gentili, riuscirà di una utilità singolare a tutti coloro che vorranno con esattezza ed imparzialità rifare, per l'avvenire, la storia dell' Italia musicale.

Data l'origine e l' indole di questo libro, sarebbe stato però, secondo me, desiderabile, preludiarvi con una prefazione più famigliare, più intima di quella del signor Verdinois; la quale, spaziando, con andamenti hughiani, nelle alte sfere dei criterii artistici, non tiene che pochissimo conto della persona che avrebbe dovuto illustrare.

Vero è: Guglielmo Cottrau si disegna ben chiaramente nelle sue stesse lettere, come uomo, come buongustaio, come compositore; ma alcuni cenni intorno all'operosità della sua vita, ed ai frutti di quella operosità, non sarebbero certamente stati di troppo. Dalle sue parole molto si apprende, e molto s' intuisce; ma poichè da esse traspare la parte notevolissima da lui per vent'anni rappresentata nella vita musicale di Napoli, e, per riflesso, di tutta Italia — parte che, del resto, quanti vissero a Napoli in quel tempo sono concordi nel riconoscere e nel proclamare — sarebbe stato tutt'altro che inutile qualche dato di fatto che venisse a dare base materiale all'edificio artistico che dalle lettere si intravede. Un semplice elenco delle pubblicazioni della Casa Girard e C., per tutto il periodo in cui egli ne fu l'anima, avrebbe detto della influenza da Guglielmo Cottrau esercitata, più che le alte riflessioni del signor Verdinois, che in un libro meno soggettivo si troverebbero invece perfettamente a posto.

E giacchè sto facendo un appunto, un altro non ne voglio tacere. Si avvertono in questo libro lacune, delle quali alcune erano, naturalmente, inevitabili, ma altre avrebbero potuto essere colmate.....

Basta dire, ad esempio, che la morte di Bellini non vi è segnalata che da un fuggevole e brevissimo accenno; mentre invece lettere interessantissime e di una vera importanza storica, sono consacrate alla morte della Malibran e di Nourrit: di quella, prendendone occasione per farne un ritratto evidentemente acuto ed esattissimo, per quanto lontano dall'imagine che si delinea della grande artista nella mente di noi giovani; del secondo, rivelando un indole di artista così singolare e superiore, quale non parrebbe possibile di trovar mai nei panni di un semplice tenore.

Ma, ad onta delle lacune, che potranno certamente diminuire, continuando le ricerche per una seconda, accresciuta edizione dell'interessante volume, esce, da questo libro, come ho detto, chiara e attraente, la figura di Guglielmo Cottrau, esce l'imagine musicale del suo tempo.

Figlio, fratello, marito, padre, amico, Guglielmo Cottrau può non interessare il pubblico. Ma, come non interessarsi di lui, quale artista, quando lo vediamo dare a Bellini consigli improntati al più grande acume, al gusto più squisito? — Il tempo ha reso giustizia al giudizio da lui recato sull'*Ildegonda*, ch'egli definì *un sujet bourgeois, larmoyant et monotone*, e certo, dissuadendo Bellini dal musicarla, gli ha evitato un'opera mediocre.

Così, chi constata lo sviluppo raggiunto in Italia, e specialmente nell'Italia meridionale, dalla musica popolare; l'attrazione che questa musica esercita ora sopra tanti egregi ingegni, sopra tante persone di buon gusto, non può a meno di farne risalire il primo merito all'autore dei *Passatempi musicali*, delle prime canzoni napoletane cioè, che, raccolte dalla viva voce del popolo, o create come espressione armonica dell'anima sua, sieno uscite da Napoli, d'Italia, a portare in tutto il mondo la seduzione del nostro cielo, del nostro mare, dell'indole nostra.

E quale fosse la seduzione esercitata in quei vent'anni sopra tutto il mondo anche dall'arte italiana, ad onta dei difetti di troppi artisti, della relativa coltura del pubblico nostro, e di tutto un andamento teatrale, che non si poteva dire certo rigidamente rispettoso dell'arte e degli artisti, si vede chiaramente da questo libro.

Per un pazzo, infatuato d'orgoglio e di fiele, che bestemmia l'Italia e gl'italiani; per Berlioz che chiama Bellini un *petit polisson*, che l'ombra di Shakespeare avrebbe dovuto 'sterminare, Pacini un *miserable eunuque;* che trova indegno l'*Elisir*, i *Puritani* inferiori ad ogni critica, eppure deve piangere alla *Lucia* ed al *Pirata*; quanti grandi, quanti egregi all'arte italiana non s'inchinano: da Beethoven, che riconosceva il melodramma italiano come la vera espressione della musica teatrale, a Meyeerber che vorrebbe chiudere la sua carriera come l'ha incominciata, con un'opera italiana! Mendelsshon, Lamartine, Heine, Blaze de Bury vengono tutti a rendere omaggio alla musica italiana, in queste pagine. Dove, d'altro lato, si vedono ad occhio nudo tutti i grandi interpreti dell'epoca, in tutte le loro virtù ed in tutti i loro difetti, nel culto ch'essi avevano per l'arte loro, e nei granchi che non mancavano di prendere: dalla Malibran, che confessa di aver studiato per sei anni (che ne dite, improvvisate prime donne del giorno?) il rondò della *Cenerentola*, e ancora non ritenersene padrona, a Lablache che maledice la *Norma*, definisce la *Sonnambula* una *chitarrata*, e, dopo il secondo atto, pretende che non sarebbe stato possibile giungerne alla fine!

Che rimane oggi di tutto quel mondo luminoso, melodioso?

E l'Italia del giorno, unita, padrona di sè, dei suoi destini, potente pur che il voglia, cosa rappresenta di fronte all'Italia d'allora, all'Italia padrona dei cuori?

Altri tempi, certo, altre virtù, e altri difetti e altre sorti; ma sfogliando questo libro, che ci rifà viva quell'Italia così diversa dall'attuale, nemmeno il più accanito detrattore dell'arte italiana rimarrebbe indifferente e insensibile. (*Primo*)

Opinione del 1° Maggio

La Casa editrice A. Morano ha pubblicato ieri un volume interessantissimo per la storia del teatro e dell'arte musicale. È una raccolta di lettere scritte o ricevute dal nostro primo editore di musica Guglielmo Cottrau, dal 1828 al 1847. In esse si assiste alla maggior parte degli avvenimenti artistici di quel periodo, nel quale rifulgono i nomi di Rossini, Bellini, Donizetti, Marliani, Mendelssohn, Meyerbeer, Lablache, la Malibran, la Fodor, la Grisi, la Persiani, Nourrit, Duprez e tanti altri di quella falange gloriosa che teneva alto il nome artistico italiano. Le *lettres d'un mélomane*, così s' intitola il volume, sono completate da altre notizie sulle condizioni artistiche di quel periodo in Italia e fuori, e precedute da una interessantissima prefazione del chiarissimo Federigo Verdinois, il quale si rivela in esse antorevole ed erudito critico di storia musicale ed elegante e corretto scrittore della lingua francese.

Napoli — R. Tipografia Giannini.

AVANT-PROPOS

Quelqu'un dira peut-être que le moment est mal choisi, que ce livre manque d'à-propos et que l'auteur aurait bien fait de ne pas le tirer au grand jour. C'est possible, c'est même absolument prouvé au point de vue de ce *quelqu'un*. Dans l'ordre des idées comme dans les sentiments, dans la morale comme dans l'art, il y aura toujours autant de possibilités que de points de vue à envisager, autant de points de vue que de systèmes et même de penchants individuels et de préjugés. Les vieilleries ont bien leurs adeptes, mais les nouveautés en ont de plus nombreux et de plus tapageurs; le passé a ses fidèles, mais l'avenir a ses apôtres. Quoiqu'il en soit, ce n'est pas par le nombre que la raison est puissante ni par le bruit qu'elle parle. La voix du passé, toute faible et éloignée qu'elle soit, a quelquefois plus de force que le chœur à grand orchestre de l'avenir. Il y a toujours, dans la foule, des esprits distingués, des âmes d'élite qui en saisissent les sons délicats et qui se plaisent à ces refrains d'autrefois comme le voyageur qui se rappelle la patrie ou comme le vieillard qui se berce, en les regrettant, dans les souvenirs brumeux, et pourtant si doucement éclairés, de son enfance. Tout le monde se hâte; eux, ils se contentent de marcher: et tandis que la foule haletante se bouscule et se précipite pour attraper son idéal qui s'enfuit à tire d'ailes, eux, ils s'arrêtent et regardent en arrière: les uns, que la fièvre du nouveau et de l'imprévu aveugle, s'imaginent d'avancer et même de courir, tout en pataugeant, dans la fange du réel; les autres, voyageurs pensifs, ont bien soin de mesurer le chemin parcouru aujourd'hui et de se reposer à la tombée des ombres du soir, pour être à même de fournir l'étape du lendemain.

Dans la marche de l'humanité vers l'avenir, ce n'est pas toujours ceux qui vont plus vite qui sont les dévanciers; et, du reste, n'est il pas dit dans la chanson que *les morts vont vite?* C'est que l'avenir est à tout le monde, au travailleurs d'aujourd'hui et aux travailleurs d'hier, aux victimes de la lutte et aux vainqueurs, aux morts et aux vivants. En un mot, c'est l'humanité qui survit à l'homme: la vague se brise au rocher, d'autres vagues arrivent qui se brisent comme la première et disparaissent dans l'Océan majesteux et calme. L'homme meurt, l'humanité reste.

Je constate un fait, je n'écris pas une apologie; en tout cas, ce ne serait pas moi, humble écrivain, qui pourrait justifier aux yeux du public le livre qu' on va lire. Sa raison d'être et en même temps su justification, s'il en avait besoin, c'est dans son caractère même. Ce livre existe parce qu'il a existé. Il n'a pas la prétention de nous éblouir en découvrant de nouveaux horizons; il soulève à peine un coin du voile qui cache le passé. Ce n'est pas un code de préceptes ou de dogmes, c'est simplement un recueil de souvenirs. On y trouvera des sentiments quand on y voudrait chercher des mystères; le parfum des fleurs, quand on y voudrait découvrir l'action de la sève et le procédé de génération.

Et c'est là justement ce qui fait son charme et ce qui réhausse sa valeur au point de vue artistique et historique. On y connait de près et presque dans une douce intimité des hommes de génie qui ont parlé a l'humanité le langage mystérieux et puissant de la musique: ce langage universel qui de tout temps a été compris par toutes les intelligences et a ému tous les cœurs : et la connaissance, en dépit du proverbe, au lieu d'amoindrir notre estime, ne fait qu'augmenter notre admiration pour les grands côtés de l'artiste d'autant que nous découvrons les petits côtés de l'homme. Les deux aspects s'expliquent et se complètent. Bellini, Donizetti, la Malibran descendent de leur piédestal et se montrent à nous tels qu'ils sont. Le rayonnement du génie, comme la lumière du soleil, nous vient d'en haut; mais notre surprise et notre admiration deviennent un culte, quand nous découvrons que ce rayonnement d'en haut nous vient d'un petit être qui est en bas et que nous coudoyons à toute heure. Encore, dans l'intimité, le génie se révèle: il laisse un moment de côté ses grandes allures et nous aborde, dans de charmants tête-à-têtes, avec toutes ses câlineries, tous ses caprices, toutes ses surprises et ses originalités. On dirait la visite de Jupiter à Sémélé; le royal amant a besoin d'être connu de sa maîtresse mortelle; et elle, la pauvre enfant, énivrée d'un amour de plus en plus ardent, au fur et à mesure qu'il approche d'elle, se laisse aller dans un ravissement suprême aux brûlantes caresses du Dieu.

Sans doute il importe énormément que l'histoire de l'art soit à même de fixer des dates et des noms et qu'elle nous dise comme quoi tel ou tel chef d'œuvre s'est épanoui aux pieds des Alpes neigeuses ou sur les riants côteaux « *où fleurit l'oranger* ». Mais ce qui importe plus encore, c'est de voir dans quelles conditions d'esprit le chef d'œuvre à été conçu et quelle suite de désillusions, de triomphes, de douleurs, d'amours et de haînes il a dû traverser ; il importe de voir l'homme dans l'artiste, la passion du cœur dans le travail de l'esprit, la petitesse dans la grandeur. C'est la marche de la critique contemporaine. L'auteur des *Sepolcri* et le poète de *La ginestra* sont plus grands par leurs faiblesses.

Il y a pourtant une question bien plus grave que je ne voudrais pas aborder et qui s'impose aux penseurs comme aux artistes. Jamais, comme aujourd'hui, le siècle n'a été poursuivi par le cri du poète que « *Demain c'est la grande chose* » On a hâte d'arriver. Dans la science comme dans l'art, dans les études sociales comme dans la philosophie, on regarde à l'avenir et tous les esprits s'évertuent à bâtir le grand édifice du bonheur de nos petits-fils. Dans le siècle qui a poussé jusqu'aux dernières limites les théories de Bentham et qui a codifié son égoisme avec Spencer, la grande affaire c'est le bien être d'autrui. C'est à cause de cela qu'on a inventé une littérature de l'avenir, une science de l'avenir, un ordre social de l'avenir. La musique ne pouvait pas résister à l'entraînement général et, elle aussi, la voilà lancée à la recherche de l'idéal avec les nouveaux champions qui s'imaginent d'être révolutionnaires en continuant et en développant l'école de Beethoven. Demain, aujourd'hui même, on reconnaîtra peut-être que Wagner, le grand novateur, n'est qu'un simple évolutionniste, et l'on cherchera mieux et l'on voudra d'autant plus hâter la marche qu'on aura moins la conscience du but pratique et des finalités artistiques.

C'est que, plus que toutes ses sœurs, la musique a son caractère fixé de généralité et de continuité. Le mot plus juste, le dernier mot a été dit par Portia; et entre le philosophe allemand et la jeune fille, c'est la jeune fille qui a raison. Tout homme a sa musique en soi-même. L'idée indéterminée qui attend sa vie et son âme de l'extérieur, c'est la fable de Galathée en action qui peut s'appliquer à toute création de l'esprit. Quoiqu'on fasse, il faut toujours en revenir au *moi*, au monde intérieur qui s'épanouit tour à tour dans l'*Apollon du Belvedere*, comme dans le *Guillaume Tell*, dans la *Transfiguration*, comme dans le Dôme de St. Pierre ou l'Alhambra.

Il importe pourtant de remarquer que tout art a son évolution nécessaire et sa marche historique indépendamment du caprice des individus, voire même de l'influence et de l'obstination des écoles. L'art qui prend son siècle au rebours est un contresens si ce n'est une folie ridicule. La civilisation, soit qu'elle avance ou qu'elle s'arrête, est soumise, quoique l'homme fasse, à la fatalité antique, à laquelle pas même le Dieu peut se soustraire. La Grèce est toujours la Grèce, soit que vous la regardiez dans les tableaux d'Apelle ou que vous l'admiriez dans le Parthénon, soit qu'elle s'appelle Périclès on Socrate ou Aristophane ou Phriné. L'idéal s'épanouit dans le culte de la forme et dans la divinisation de la sensualité, dans la corruption des systèmes philosophiques comme dans le repos des esprits et dans le manque d'impatience vers l'avenir. Rome, à l'apogée de sa grandeur et de sa puissance, est d'autant moins favorable aux agréments de l'esprit et aux émotions du cœur, qu'elle est sûre de sa force et de son lendemain et qu'elle prend sa vie de l'action plus que du mouvement de l'esprit. Le caractère de la nation se revêle dans ses monuments comme dans ses lois, dans ses systèmes philosophiques comme dans ses goûts littéraires, dans ses poètes comme dans ses hommes d'Etat; et l'*exegi monumentum aere perennius* n'est qu'une boutade qui n'a pas de sens et qu'on ne pardonnerait pas à l'ami d'Auguste s'il n'était en même temps le plus grand poète de son temps.

Néammoins l'on se tromperait fort en donnant à toutes les branches de l'art la même importance et la même portée. L'art s'idéalise au furet à mesure qu'il s'éloigne de la ligne et qu'il plane dans la région des idées et des sentiments. La poésie embrasse les hommes et les temps, les passions, dans toutes leurs nuances, les contradictions, le regret du passé et les aspirations vers l'avenir. La peinture, plus hardie, limite son action à un seul moment dramatique et arrive à fixer son idéal en faisant fi de la parole et du relief. Pourtant, elle a encore la multiplicité des figures et le contraste éloquent des couleurs. La sculpture idéalise encore plus, en bornant le champ de l'artiste d'autant qu'elle élargit l'action de l'observateur. Un pas encore, et l'architecture se relève dans le grandiose indéterminé et dans le langage mystique de ses lignes. Il n'y a que les esprits d'élite qui puissent apprécier le sens et la portée de ces différentes manifestations de l'art; et plus une intelligence est cultivée, plus elle est à même de s'approcher de l'artiste en se constituant en quelque sorte son collaborateur.

Dans la musique les choses se passent différemment. La musique, quoiqu'en disent les apôtres de la nouvelle école, n'est pas la détermination de la forme par la pensée. Si l'on voulait prendre la définition au pied de la lettre, on serait entraîné à admettre qu'il y a aujourd'hui, ou qu'il y aura demain, une musique positive ou utilitaire, une musique du vieux monde qui s'écroule et du prolétariat qui s'agite. De là à la musique du calcul différentiel il n'y a qu'un pas; mais c'est un pas qui mène à l'abîme, c'est-à-dire à la destruction sans retour de toute pensée mélodique, voire même artistique. Il n'y a pas, je pense, une musique de la veille comme il n'y a pas une musique du lendemain: il y a une musique. Cela veut dire que cet art divin, depuis David jusqu'à Mozart et Bellini, a sur les autres l'avantage qu'il parle un langage universel, expression variable, mais toujours puissante, de nos joies et de nos peines ; un langage qui est fait pour éclairer toutes les intelligences et pour remuer tous les cœurs ; un langage enfin qui, dans un sens limité, reçoit sa signification actuelle par la disposition des esprits qui en saisissent les phrases larges ou les mots entrecoupés, les cris de joie et de détresse, les abandons et les extases.

Pourtant, comme il n'y a pas de passions qui changent dans l'immutabilité de la nature humaine, comme le cœur jouit de son éternelle jeunesse et le malheur porte toujours les mêmes blessures, il n'y a pas une musique qui puisse exprimer le sentiment du malheur d'il y a vingt siècles ou du malheur des siècles à venir. Comme la douleur est éternelle et la joie, quoique plus rare, nous éclaire des mêmes rayons, il serait impossible de trouver un peuple qui ne comprenne rien à la manifestation musicale ou à qui l'on puisse imposer une expression fictice de sentiments, sous prétexte que les professeurs, en matière de cœur, en savent plus long que les non-initiés.

Voilà pourquoi tous les débats sur la chronologie musicale et toutes les haines soulevées récemment n'aboutissent après tout qu'à une vaine dispute, comme on en faisait il y a un demi-siècle entre classiques et romantiques. La musique, quoiqu'on en dise et quoiqu'on fasse, reste ce qu'elle a toujours été; et tant qu'il y aura des hommes, c'est-à-dire des douleurs et des larmes, Rossini aura autant de puissance sur les cœurs que Haydn ou Paisiello en ont eu; et le *Stabat Mater* de Pergolesi nous fera pleurer tout autant que la *Dernière pensée* da Weber.

Je n'ai pas la prétention d'avoir développé une thèse philosophique, mais seulement, je le répète, d'avoir constaté un fait au point de vue de l'art général en cherchant à me tenir à l'écart du champ réservé aux théories et à la technique. Peut-être, je me hâte de le déclarer, la faiblesse de ma vue m'empêche de pousser les regards dans les profondeurs de l'avenir. Encore, pour ne pas sortir de l'ornière, je me suis tenu à la mèthode expérimentale et j'ai simplement dit ce que j'ai vu et entendu.

De là toute la valeur des souvenirs et de la tradition: de là le respect aux travailleurs d'hier qui ont préparé les travailleurs d'aujourd'hui; de là enfin l'importance artistique et historique du livre qu'on va lire.

Même si un jour la musique de l'avenir fait briller l'horizon de ses pâles clartés, il sera bon d'interroger les brouillards du passé.

Ce livre a aussi un autre intêret: il nous fait assister à l'enfantement de la musique de plusieurs airs considérés généralement comme populaires et tout en posant la question, sans pourtant la résoudre d'une manière définitive, il entre dans le vif d'un débat qui touche de près à un chapître important de l'histoire musicale.

F. Verdinois

LETTRES

D'UN MÉLOMANE

Pour servir de document à l'histoire musicale de Naples de 1829 à 1847

Marc Monnier, en parlant tout récemment dans le *Journal des Debats* de Guillaume Cottrau, l'appelait UN HOMME D'UN TRÈS GRAND MÉRITE et ceux qui à Naples ont connu ou approché le mélomane-compositeur en question, ont confirmé maintes fois l'appréciation de l'éminent critique et professeur à l'Université de Genève.

Ceci nous a engagé à livrer à la publicité plusieurs extraits de la correspondance qu'il entretenait à Paris avec sa mère, avec sa sœur, avec son frère. Dans ces papiers de famille où il nous a été donné de fouiller, nous avons donné la préférence aux lettres qui concernent plus spécialement la musique, les théâtres et les beaux arts.

Là où nous avons trouvé une pensée juste ou spirituelle, une heureuse répartie, et même un mot senti d'affection non empreint de banalité, nous nous y sommes arrêté à plaisir, car notre but a été surtout de mettre en relief une personnalité fine et distinguée.

A part sa qualité de musicomane et de compositeur Guillaume Cottrau était éditeur de musique, et chef, sans qu. son nom y ait jamais figuré, de la maison B. Girard et C.ie Propriétaire des ouvrages les plus importants de Bellini, Donizetti, Mercadante etc. cette raison sociale a joué un rôle assez important dans l'histoire musicale de 1828 à 1848.

Par respect à la mémoire de son père, qui avait occupé de hautes charges à Paris et à Naples, et par un héréditaire instinct de gentillhommerie — ténace et indompté dans sa famille malgré les idées novatrices de la révolution — Guillaume Cottrau ne voulut jamais donner son nom comme étiquette d'une raison de commerce quelconque; ainsi l'établissement de gravure musicale, auquel il apporta le concours de ses lumières, continua à s'appeler toujours B. Girard & C.ie. Et disons tout de suite quelles sont les charges que son père avait remplies; il fut à Paris:

Secrétaire particulier du célèbre Ministre d'Etat Malesherbes (le défenseur de Louis XVI).

Premier Secrétaire général du Ministère de la Marine en France (1792).

Commissaire pour l'échange des prisonniers de guerre (1795).

Et à Naples, sous les règnes de Joseph Napoleon et de Joachim Murat:

Chef de Division du Ministère de l'Intérieur (1806).

Chef de Division du Ministère des Travaux Publics (1809).

Inspecteur des Revues de terre et de mer, avec le grade de Maréchal de Camp.

Président de l'Académie des Beaux-Arts (actuellement *Istituto di Belle Arti)*.

Secrétaire perpétuel de la Société Royale *(Pontaniana)*.

Membre de l'*Istituto d'Incoraggiamento*.

Membre de l'Académie Militaire.

Vice-Président de la Junte des Théâtres.

Président de la *Filarmonica*.

L'activité d'esprit, la finesse de jugement, brillamment dépensées dans ces charges à la fois administratives et scientifiques, se perpétuèrent au delà de sa mort; et ses enfants, Guillaume, Félix et Lina, ont dignement honoré l'héritage paternel en employant ces mêmes qualités — non pas dans les branches scientifiques, mais dans des facultés au même degré ennoblissantes — dans la musique, dans la peinture et dans le chant.

Comme homme de lettres, Guillaume Cottrau a publié, en 1833, *Omnibus et omnium*, Revue littéraire, scientifique, industrielle, anecdotique, des beaux-arts et des théâtres — *Le tour du monde dans un fauteuil*, annales de voyages modernes, recueil périodique — la *Décaméron moderne*, et quelques articles de journaux.

Comme compositeur de musique, il est l'auteur du célèbre recueil *Passatempi musicali*; et un critique bien connu en Italie, M. A. de Gubernatis, a parfaitement défini le rôle qu'il a joué en l'appelant *inventeur d'un genre de chansons qu'on a ensuite appelé* CHANSONS NAPOLITAINES.

Guillaume Cottrau est né à Paris le 9 Août 1797 et est mort à Naples le 31 Octobre 1847.

OMMENÇONS par jeter un regard rétrospectif sur le théâtre San Carlo et rappelons brièvement la période brillante qui précéda celle de la Fodor, de la Malibran, de la Pasta, de la Persiani, de Rubini, Duprez, Iwanoff, Mario, Lablache, Tamburini et Ronconi.

Sous l'habile direction de Barbaja (*impresario* à Naples depuis 1809) Rossini composa pour San Carlo en 1815 l'*Elisabetta*, dont l'exécution fut confiée à la Colbrand, Nozzari et Garcia, en 1816 l'*Otello*, mêmes artistes, en 1818 *Mosè in Egitto*, chanté par la Colbrand, Nozzari, David et Porta et *Ricciardo e Zoraide* par les mêmes, enfin en 1819 *Ermione* avec la Colbrand, la Pisaroni, Nozzari et David.

Donizetti, alors au début de sa carrière, composa *Emilia di Liverpool* (1824), *Elvida* (1826), chantée par la Lalande, Lablache et Rubini, puis *Alahor in Granata* (1826) et enfin l'*Esule di Roma* (Janvier 1828) par la Tosi, Lablache et Winter qui eut un succès colossal et fut répété pendant plusieurs saisons: et pour le Fondo la même année *Gianni da Calais* chanté par la Comelli, Rubini et Tamburini.

Simon Mayr, le maître de Donizetti, produisit en 1813 pour San Carlo un très bel ouvrage *Medea in Corinto*, Mercadante son premier opéra *l'Apoteosi di Ercole* (1818) et Bellini débuta également sur la même scène avec *Bianca e Gernando* (1826) dont l'exécution fut confiée à la Lalande, à Rubini et à Lablache.

Enfin Pacini a composé dans cette période pour S. Carlo *Alessandro alle Indie* (1824) chanté par la Tosi, Nozzari et Moncada, *Amazilia*

(Juillet 1825) par la Fodor, David et Lablache, *L'ultimo giorno di Pompei* (Novembre 1825) par la Tosi, David et Lablache et *Niobe* (1826) par la Pasta, Rubini et Lablache : ces deux derniers opéras surtout eurent un très grand succès.

Nous voyons aussi que Donizetti composa la *Zingara* (1822) pour le Teatro Nuovo, pour la même scène où plus tard (1836), dans la plénitude de son talent, il devait produire deux bijoux musicaux, *il Campanello* et *Bétly;* Mercadante, alors très jeune, y fesait jouer *Violenza e Costanza* (1819) et un musicien très distingué, engagé par Barbaja, composait avec beaucoup de talent la musique à plus de vingt ballets à San Carlo, le Comte de Gallemberg: citons entr'autres ballets *Alfredo il grande* et *Ettore Fieramosca.*

Si nous reportons à présent les regards hors de Naples, nous trouvons que le futur auteur de *Robert le Diable* et des *Huguenots*, Giacomo Meyerbeer, *italianissime* alors et subissant l'influence de Rossini, influence qu'il n'a jamais entièrement répudiée, composait sa *Margherita d'Angiò* (1822) pour Milan et son beau *Crociato* (1824) pour Venise :

Rossini tous ses chefs-d'œuvres, *Tancredi* (1813), *Italiana in Algieri* (1813), *Semiramide* (1823) à Venise : le *Turco in Italia* (1814) et la *Gazza ladra* (1817) a Milan ; le *Barbiere di Siviglia* (1816) et *Matilde di Shabran* (1821) à Rome :

Bellini le *Pirata* (1827) et la *Straniera* (1828) à Milan :

Mercadante *Elisa e Claudio* (1824) à Milan, *Nitocri* (1825) à Turin et *Donna Caritea* (1826) à Venise :

Spohr son meilleur ouvrage *Jessonda* (1823) à Cassel :

Paer l'*Agnese* (1811) à Parme, opéra qu'on a bien souvent rejoué en Italie :

Weber le *Freyschütz* (1822) à Berlin, l'*Euriante* (1823) à Vienne et l'*Obéron* (1826) à Londres :

Boieldieu un bel opéra qui est resté au repertoire français, *la Dame blanche* (1825) à Paris.

Paganini émerveillait Naples, Gênes, Vienne, Paris et Londres par le charme de son archet prodigieux: l'Angelica Catalani, Velluti et Nozzari représentaient encore noblement l'école formée par Paesiello et Cimarosa ; et une nouvelle aurore se levait en Allemagne par les compositions de Schubert et Mendelssohn-Bartholdy, car malheureusement un astre allait s'éteindre et cette brillante période musicale devait se clôre par la mort d'un maître-géant, par la mort de Beethoven qui eut lieu le 27 Mars 1827.

Laissons à présent la parole à notre mélomane.

I.

Recueil d'airs populaires de tous les pays — Donizetti donne des leçons à Naples — Le *Paria* et le *Castello di Kenilworth* — Bellini accepte l'idée de mettre en musique *Hernani* de V. Hugo — M.me Fodor et Mendelssohn — Lablache, Ivanoff, la Toldi, la Ronzi — Discussions avec la Malibran — Réflexions sur le caractère de *Desdemona* de l'Otello — Crescentini — Chansons napolitaines — *Ildegonda*, opéra projeté de Bellini — Dessauer — Bellini et Florimo — La Malibran est engagée à 2000 francs la représentation — *Torquato Tasso* et Ronconi — *Parisina* à San Carlo — *Soirées musicales* de Rossini — *Maria Stuarda* et un soufflet à l'histoire — Meyerbeer — *Colonnello* de Ricci — Bénédict — Un passeport refusé sous prétexte de S.t Simonisme — Méprise d'un grand artiste.

4 Juin 1829

Pauvre, chère sœur!

Les chagrins ont donc miné ta santé?... Aussi il me parait que tu ne montres pas assez de courage à te résigner à ta triste position, dans ce qu'elle a d'irrémédiable.

N'adopteras tu jamais ma philosophie qui est d'écarter toute réflexion inutile et de réserver toute l'activité de notre esprit pour la diriger vers un but positif? Une analyse trop ingénieuse de tes chagrins, un triste retour vers le passé, un regard décourageant sur l'avenir, voilà la vraie source de tous tes maux.

Crois m'en, chère Lina, ne t'abandonne pas à cette illusoire consolation d'épancher tes douleurs dans le sein de tes amis; redoute la contagion de la sensibilité et concentre toutes tes idées dans le positif de la vie, autant que cela te sera possible.

. . . . Étourdis les facultés de ton âme à force de fatiguer ton esprit, ne le laisse jamais en repos, écris quelque chose de bien sec, de bien étranger à tes douloureuses pensées, compose, arrange, copie au besoin de la musique.

Là où il n'y a pas de remède il ne faut penser.

C'est dans ce but, que je te propose de m'aider à réaliser le projet de publier par livraison à Paris un recueil de chants populaires, d'airs nationaux et de danses caractéristiques de toutes les nations, avec des notes, des avant-propos et surtout de jolies lithographies représentant les costumes et les sites de chaque pays. Le tout formerait une jolie édition d'un format moitié à peu près de mes *Passatempi* (1) et beaucoup plus élégante. J'ai déjà commencé un choix de mes airs napolitains; il faudrait remonter l'Italie et j'ai fait écrire par Donizetti à Mayr (2) qui a fait une collection d'airs vénitiens, bolognais, romagnoles etc. Nous passerions aux airs suisses, aux danses bohémiennes, aux chansons provençales, aux boléros, aux seguidilles, sirventes, aux mélodies russes, polonaises, suédoises, etc. et la connaissance, que tu es à portée de faire des étrangers de toutes ces nations, te fournirait à la fois des matériaux et des souscripteurs.

À propos de Donizetti, qui demande toujours de tes nouvelles, je l'ai déterminé à donner quelques leçons de chant à deux piastres le cachet; il a une dame russe et je voudrais que tu le proposasses à tes amies, qui viennent ici, comme le seul excellent maître, ce qui est loin d'être faux.

Il te sera obligé de cette attention et moi encore davantage, car c'est un brave ami.

Bellini a positivement échoué à Parme avec sa *Zaira*: Lablache, Inchindi et Mme Lalande lui ont chanté cet opéra.

Adieu, chère bonne sœur, pense à ta santé, prends du courage et pense qu'il se forme ici, à chaque instant du jour, bien des vœux pour ton bonheur!

(1) Recueil de célèbres chansons napolitaines, composées la plupart par Guillaume Cottrau.

(2) Mayr, célèbre compositeur, le maître de Donizetti, né en 1763 et mort en 1845. On rapporte qu'à Naples Barbaja le pressait vivement à accepter un engagement et comme Mayr tenait à produire son élève favori, *Prendete Donizetti*, répondit-il, *sarò come se fossi io stesso*. Ses meilleurs opéras sont *Ginevra di Scozia* (1801) et *Medea in Corinto* (1813).

14 Juillet 1829

On a joué à San Carlo le *Castello di Kenilworth* de Donizetti: l'opéra en général n'a pas eu, à sa première représentation, l'accueil auquel on s'attendait. — À la 2e représentation pourtant le succès s'est accentué: la Cour y assistait; on a applaudi cinq morceaux, surtout l'air que chante la Boccabadati et un duo *No, in me non amasti che il solo splendor,* phrase que David dit splendidement bien.

Je vous en enverrai quelques morceaux, ainsi que du *Paria,* opéra du même auteur, qui a été donné après votre départ, en Février dernier, et qui, franchement à parler, n'a eu qu'un succès d'estime.

Donizetti a aussi composé pour le Fondo un acte bouffe, *Giovedì Grasso,* où Lablache fait merveilles.

La Fodor a été *enfin* engagée par Barbaja: grand Dieu merci!

8 Août

Que mes vœux vous accompagnent dans votre voyage! (1).

Espérez tout du temps qui pense à nous quand nous avons confiance en lui.

A Milan vous ne manquerez pas d'aller voir Bellini qui doit être revenu de sa *villeggiatura* de Como pour les répétitions de *Bianca e Gernando.* Informez vous de son adresse chez Rubini (2) que vous ne feriez pas mal de voir. Dans ce cas vous demanderiez à Rubini s'il a reçu pour moi de Donizetti ou de Mayr un recueil d'airs nationaux italiens, suisses etc.

(1) Voyage de Mad.me Cottrau et de sa fille Lina Freppa au château d'Arenemberg en Suisse chez la Reine Hortense et puis à Paris, où elles se fixèrent définitivement.

(2) Rubini, le roi des ténors de ce siècle, né le 7 Avril 1795 à Romano près de Bergamo. À Naples en 1819 il épousa la chanteuse Commelli. Aucun artiste n'a aussi mieux chanté que lui les opéras de Bellini, et c'est à son école que Mario s'est formé.

15 Décembre 1829

Donizetti m'a fait depuis plus d'un mois une *Cavatina* pour Lina sur des paroles du *Colombo* de Romani: elle me parait très jolie et dans la voix de ma chère sœur.

Bellini de son côté veut aussi lui écrire quelque chose: je lui cherche des paroles.

Ces deux compositeurs voudraient bien être appelés à Paris; voyez si vous ne pourriez pas y contribuer.

2 Février 1830

N'oubliez pas les libretti que je t'ai demandés pour Donizetti ajoutez-y celui de *Macbeth* d'Halevy.

Como, 15 Luglio 1830

Mio caro Cottrau,

Vuoi o non vuoi capire che la *Straniera* che ha Artaria (1) è ricavata dal mio originale? Come l'abbia avuta, è un mistero; ma sono stato assicurato che io a Bergamo troverò la mia identica *Straniera;* intanto ho protestato che tutto al più assisterei alle prove, e che non prenderò la penna affatto affatto per aggiustare qualche errore in che s'incorrerebbe.

Non sperare di fare in Milano degli associati, tanto per la *Straniera,* quanto pel *Pirata* in partitura, che vuoi stampare, poichè sono pochi i dilettanti che possono desiderare d'avere queste opere strumentate: tutto al più se ne potrebbero fare una mezza dozzina: regolati.

Ti ringrazio del dettaglio che mi dai dell'esecuzione della mia *Straniera* e dell'opinione che ne hai tu sulla composizione musicale: spero che le fatiche di Florimo sieno state premiate da un buon esito, poichè in tale circostanza starà con l'animo agitato, come io stava nella prima sera che vide la luce la detta opera in Milano: basta, sto in attenzione della notizia che spero avere venerdì, secondo tu mi dici.

(1) Artaria éditeur de musique à Trieste.

L'*Hernani* (1) mi piace assai, e piace parimenti alla Pasta ed a Romani, ed a quanti l'hanno letto: nei primi di settembre mi metto al lavoro.

Io spero di venire in Napoli dopo essere andato in scena con la detta opera (*Straniera*), se non avrò scritture per l'autunno dell'anno venturo, poichè in quel caso allora non potrei abbandonare Milano.

Come vennero pubblicati i pezzi dei *Capuleti* così li hai avuti, e a torto quindi ti lamenti. Artaria è lento, e questa ne è la ragione, ma spero che in otto giorni l'opera sarà completa. Quest' opera ho pensato di dedicarla alla mia patria in segno di riconoscenza per la medaglia d'oro che m'ha coniata (2).

Dì a Florimo che in questa posta non gli scrivo, poichè tu stesso gli potrai dare le mie nuove, non avendo altro a dirgli; fagli mille abbracci per me, e che si stia allegramente, se la *Straniera* non è andata come egli desiderava; mentre io son sicuro ch'egli non avrà dormito tante notti pel pensiero delle prove.

Addio, salutami tutti gli amici e tutta la brava famiglia Cirillo. I rispetti alla tua metà e gli abbracci a te.

Il tuo Bellini

---

13 Décembre 1830

Ce bon Lablache (3), qui d'un coup de filet m'a fait vendre 28 de mes *Passatempi musicali* à Vienne, devrait proposer à présent, aux éditeurs de Paris, les partitions suivantes que je céderais à bon marché *I Fidanzati* di Pacini, *I Pazzi per progetto* di Donizetti, *Capuleti e Montecchi* e *Straniera* di Bellini.

(1) Cottrau avait proposé à Bellini de mettre en musique *Hernani* de V. Hugo; il paraît même que Bellini avait commencé à écrire quelques morceaux de cet opéra. On lit à ce sujet dans le livre intéressant *Memorie di Felice Romani*, écrit par la veuve du grand poète, M.me Branca: « Aveva cominciato il melodioso *Ernani* e già n' era preparata una buona parte, onde il giovane maestro potè mandare il duetto tra *Ernani* ed *Elvira* al venerando Zingarelli, il quale trovò *particolarmente bellissimo l'andante* ».

(2) Bellini la dédia en effet à Catane, sa ville natale.

(3) Luigi Lablache, le grand chanteur, une des individualités les plus marquantes de ce siècle.

Quels sont les trois petits airs de Donizetti? je les ai tous parcourus et je n'y ai pas trouvé celui que tu m'indiques *Lascia le sponde Eurilla*. Donizetti au surplus est à Milan: à son retour je les lui demanderai.

La Fodor est vraiment admirable dans la *Semiramide* et le *Conte Ory*.

LA FEDOR, MENDELSSOHN ET DONIZETTI

Josephine Fodor, née à Paris en 1793, mariée en 1812 à Mainvielle, acteur français, a débuté au théâtre impérial de Saint-Pétersbourg dans les *Cantatrici Villane* de Fioravanti. A Vienne en 1824 sa réputation se raffermit; mais c'est de Naples l'année suivante que datent se succès vraiment éclatants; elle chanta au San Carlo *Tancredi*, *Elisabetta*, *Semiramide* et *Barbiere*.

Ayant été engagée au Théâtre Italien à Paris, elle prit congé du public napolitain le 28 Août 1825 avec l'*Inganno Felice* de Rossini. À Paris, hélas! son étoile pâlit. Les uns expliquent l'accueil froid et réservé qu'on lui fit à la première représentation de la *Semiramide* par les intrigues que lui suscita sa rivale, la Pasta (1), engagée au même théâtre; d'autres accusent la partialité et l'injustice des Parisiens. Le bruit s'accrédita dans les journaux, ceci est positif, qu'un enrouement subit avait fait perdre la voix à la célèbre chanteuse. Cet enrouement persista pendant plusieurs mois et la Fodor sembla vouloir désormais renoncer au théâtre. En 1829 la Fodor revint à Naples et fit sa réapparition dans une cantate de Pacini *L'annunzio felice* où elle intercala l'air de *Bianca e Faliero*. Elle eut un succès extraordinaire. Les journaux de l'époque ne tarissent pas d'éloges sur cette artiste qui, disent-ils, *senza timore d'eccitare la gelosia di nessun altra, si può anzi si deve chiamare la prima cantante del secolo*. Sa voix en effet était une merveille surtout comme étendue et égalité de son.

La Fodor chanta depuis au Fondo et à San Carlo dans le *Barbiere*, dans la *Semiramide* et dans le *Conte Ory* (1829 et 1830).

Pendant le séjour qu'il fit à Naples en Avril 1831, le compositeur Mendelssohn-Bartholdy raconte qu'il allait voir très souvent la célèbre artiste et il assure qu'à cette époque elle ne chantait plus au théâtre. La Fodor cependant resta à Naples et ne quitta cette ville qu'en Juillet 1833.

(1) Giuditta Pasta, grande cantatrice, naquit en 1798 à Como; chanta pendant plusieurs saisons au théâtre Italien à Paris de 1821 à 1826: Bellini composa pour elle à Milan la *Sonnambula* et *Norma*. En 1840 elle quitta le théâtre et mourut en 1865 dans sa villa sur le lac de Come.

Revenons à Mendelssohn-Bartholdy. Il composa en 1831 en Italie la symphonie italienne en *la*, l'ouvertures *la Grotte de Fingale*, la cantate *La nuit de Sainte Waldpurge* de Goëthe et un chant de Noel.

Le 22 février et le 1er mars 1831 il écrivait de Rome: « Je compose en ce moment avec ardeur; la symphonie italienne marche à grands pas: ce sera le morceau le plus gai que j'aie fait, notamment le finale. Je n'ai encore rien d'arrêté quant à l'*adagio*.... j'attendrai, pour l'écrire d'avoir vu Naples, car j'y veux mettre un peu de l'émotion que ce séjour m'aura fait éprouver ».

À Naples au contraire il s'occupa surtout de visiter les sites pittoresques, d'admirer la belle nature: il fut pris par la fainéantise et délaissa un peu la musique.

Il n'assista à Rome et à Naples qu'à une ou deux représentations de théâtre: celle de Rome fut pitoyable et il la raconte spirituellement. Ce qui l'irrita, ce qui l'indigna surtout c'est le *sans-gêne* des spectateurs, le peu d'intérêt qu'on prenait à la musique.

« Les Italiens d'à présent traitent la musique comme un objet de « mode quelconque avec froideur, avec indifférence, c'est à peine s'ils « y prennent un simple intérct de forme et de convenance. Il n'est donc « pas étonnant que tout talent qui surgit parte aussitot pour l'étranger « où il est mieux apprécié, mieux mis à sa place et où il trouve l'oc- « casion d'entendre et d'apprendre quelque chose de bien qui le soutient « et l'encourage ».

Mendelssohn allait très souvent chez la Fodor avec Donizetti et Cottrau, il s'y plaisait extrêmement. « Son chant, dit-il, me fait vraiment « grand plaisir. — Ses *fioritures* sont faites avec tant de goût que l'on « comprend combien la Sontag (1) a dû apprendre à cette école, notam- « ment dans l'usage de la *mezza voce* que la Fodor, dont la voix n'a « plus toute sa force et sa fraîcheur premières, emploie avec infiniment « d'art et d'habileté...... La Sontag dit elle-même devoir à la Fodor « presque tout ce qu'elle sait. »

Suit un paragraphe assez piquant dans lequel il persifle le système malheureusement adopté par Donizetti dans la confection de ses opéras composés *tambour battant:*

« Donizetti — écrit-il — bâcle un opéra en dix jours. L'opéra est « sifflé, mais que lui importe? il est payé et il peut recommencer à se « promener......... Cependant, comme sa réputation pourrait à la fin

(1) Henriette Sontag, Comtesse Rossi, également cantatrice de premier ordre, élève de la Fodor qui lui donna des leçons de chant à Vienne en 1824, naquit à Prague en 1806 et mourut en 1854.

« être compromise, ce qui l'obligerait à trop travailler et l'empêcherait « de se donner ses aises, voici la précaution qu'il prend : il met parfois « jusqu'à trois semaines à composer un opéra dont il traite avec soin un « ou deux petits morceaux, afin qu'ils plaisent bien au public : cela lui « permet de flâner encore quelque temps et d'écrire *à la diable* sa pro- « chaine partition. »

Il semble hors de doute que Mendelssohn fait ici allusion à la musique très faible de la *Francesca de Foix* jouée en ce moment à San Carlo: mais le jugement sur Donizetti se serait certainement modifié si Mendelssohn eût pu le prononcer après l'audition de l'*Anna Bolena*, opéra dont il n'avait encore aucune connaissance et qui n'était même pas gravé à cette époque.

Il dit ailleurs :

« Ce qui me vexe, c'est de voir les italiens tourner le dos si brus- « quement à leurs compositeurs favoris, parodier leurs mélodies et les « chanter en charge. Une autre fois ils prendront ce compositeur sur les « épaules et le porteront chez lui en triomphe...... Mais ce n'est pas « une compensation. »

Avant de rentrer en Allemagne, Mendelssohn passe par Milan et il rapporte que ses amis allemands lui parlèrent avec grand enthousiasme des théâtres de Milan, de la Pasta et de Rubini qui, quelques mois avant, avaient chanté l'*Anna Bolena* pour la première fois (21 Décembre 1830).

Dans la suite Mendelssohn a eu maintes fois l'occasion de prouver à Donizetti, surtout pendant son séjour à Londres, combien il appréciait son talent de compositeur (1) et il l'appréciait tellement qu'il avait au bout des doigts presque tous les morceaux de la *Lucia* et de la *Favorita*.

Rappelons en passant qu'à peu près à la même époque deux grands poètes modernes, Lamartine et Heine (2), se trouvaient en Italie et rapportaient aussi de ce pays les impressions les plus enthousiastes. « Je « passe mes soirées, écrivait Lamartine, à entendre la belle musique « italienne.... Ici on respire la vie, le soleil, l'amour, la rêverie et les « parfums de l'âme et des sens.... J'ai entendu le même opéra quatorze « fois. » Et Heine : « Que la nature est belle et les hommes aimables! on « oublie ses petites inquiétudes, ses tristesses et l'âme s'épanouit. »

Nous verrons plus loin que telle ne fut pas l'impression de H. Berlioz.

---

(1) Consulter surtout les lettres que Mendelssohn écrivait de la Suisse en 1847 à propos de la *Fille du Régiment*. Julius Benedict et le célèbre ténor Mario, qui voyaient très constamment Mendelssohn à Londres, ont plusieurs fois démenti la prétendue aversion du compositeur allemand pour la musique italienne.

(2) *Correspondance intime* de Lamartine et de Heine.

30 Mai 1831

Pour le *gala* du Roi on a donné *Francesca de Foix* de Donizetti: soit dit entre nous, la musique en est très faible.

J'ai connu Mendelssohn Bartholdy, compositeur de beaucoup de talent, qui voyage en Italie pour son agrément: il est grand ami de notre cher Michel Beer.

18 Août

Puisque les tableaux à l'Exposition se placent si mal, pourquoi Félix (1) ne fait-il des esquisses, des suites en lithographies sur des sujets en vogue, sur *Notre-Dame de Paris* par exemple, qui m'en a fait venir l'idée l'autre jour? Il est vrai que la puissance de style, la force de coloris, le bonheur des descriptions du poète sont vraiment désespérantes pour le peintre auquel ils laissent bien peu de chose à faire. Félix, il me semble, devrait s'appuyer plus sur son imagination, sur son esprit et sur sa facilité d'exécution que sur tout ce qui est le résultat de longues études. Malgré tout ce qu'il en a pu dire, j'ai toujours regardé le sujet de son grand tableau comme détestable; le mélange du grotesque et du pathétique peut avoir son effet au théâtre lorsqu'il est successif ou alternatif, mais simultané comme dans un tableau, il ne vaut rien. Ce maudit tableau a été son écueil.

25 Août

M.me Malibran est arrivée ce matin et j'en ai fait de suite la connaissance, l'ayant rencontrée avec Bériot et Bénédict (3).

Tu auras appris sa déconvenue à Rome où le peuple-roi ne s'est pas fait scrupule de la siffler, à son début dans *Otello*, à cause sur-

(1) Félix Cottrau, frère de Guillaume, peintre très distingué; on admire de lui au palais du roi à Capodimonte la *Grotta di Pozzuoli*, qui a figuré à l'Exposition de 1882 à Rome dans la section *Arte retrospettiva* (voir *Notice biographique sur Félix Cottrau* par Ad. Adam de l'Institut). D'après un avis très compétent, et d'un grand peintre, l'avis de Domenico Morelli, Félix Cottrau aurait été le précurseur de l'école vériste.

(3) Bériot, célèbre violoniste. — Jules Bénédict, pianiste et compositeur très distingué, grand ami de Guillaume Cottrau: depuis, à Londres, il a su s'élever par son talent au dessus de tous les chefs d'orchestre et *conductors*, et il y occupe aujourd'hui la place musicale la plus importante.

tout, il est vrai, de la quadruple augmentation des prix, et ce qui est pire, l'a confondue plus tard dans ses applaudissements avec un détestable ténor. On ne sait pas encore si elle chantera au théâtre, Barbaja n'y étant guère disposé, à ce qu'il me parait, par un raisonnement assez juste, savoir, qu'en cas de grand succès, elle écraserait sa troupe ordinaire, jetterait la pomme de discorde dans son sérail et blaserait pour cet hiver le public, car elle est engagée à Milan, tandis qu'en cas de *fiasco*, non tout-à-fait improbable, d'après l'humeur capricieuse de nos aristarques et leur présomption qui se regimbe contre des réputations étrangères, le pauvre Barbaja pourrait bien, dans cette saison morte, rester au dessous de ses frais.

Nous avons dans ce moment-ci trois autres chanteuses françaises à St Charles. D'abord la Toldi (Mme d'Anvers) qui a une assez jolie voix, mais bien peu d'aplomb, de goût, de méthode et fausse souvent à ravir ou se méprend sur les fractions de la mesure; elle avait eu d'abord assez de succès dans la *Giulietta* des *Capuleti;* puis son étoile a pâli dans *Corradino* et vient enfin de s'éclipser dans *Jeanne Seymour* d' *Anna Bolena,* qu'on a enfin donnée le 6 de ce mois avec Mme Ronzi De-Regnis, Lablache et un jeune ténor russe, Ivanoff, que j'ai fait engager et qui y a débuté avec un succès immense, grâce surtout à la ressemblance de sa voix avec celle de Rubini, qu'il imite souvent à ravir. Lablache a enlevé les applaudissemens les plus enthousiastes dans le final du 1er acte, qui est vraiment très beau. — Je ne sais pas si je t'ai jamais parlé de Mme De Begnis. Je ne suis guère de ses partisans et je forme là-dessus exception, non seulement avec toute notre coterie, mais avec le public tout entier presque, car sa voix me déplait souverainement et son expression me semble toujours un peu outrée et je dirai même trop nuancée - me comprends-tu? - sur chaque mot et presque sur chaque note; mais je dois avouer qu'elle a une école de chant admirable, beaucoup de goût et surtout qu'elle est une superbe femme.

Me voici bien loin des deux autres chanteuses françaises: ce sont la Raimbaulx qui n'a encore chanté que dans le *Barbier*, la *Prova* et *Tancredi* et dont la voix, surtout dans les notes basses, la facilité et même la méthode, avec quelques restrictions sur le goût des agréments et la prosodie, me plaisent passablement; et puis une certaine Saint Ange qui a débuté assez médiocrement dans *Tancredi*, où je ne suis guère tenté d'aller rectifier la fâcheuse impression qu'elle m'a produite.

Nous allons assez souvent à Capodimonte ou chez M.me Fodor (1) ou chez M.me Troysi, la veuve du Général d'Ambrosio, excellentissime anglaise, qui ne vit que pour ses enfants, tous superbes et élevés presque à la Jean-Jacques Rousseau, marchant pieds nus, avec une simple blouse très légère, été comme hiver, dormant sans couvertures avec la fenêtre ouverte toute l'année. Théodore est dans son centre avec eux, et nous nous amusons on ne peut plus à les voir sauter dans les précipices et se livrer aux exercices les plus violens. Ma belle sœur y vient aussi avec ses enfans et alors je te laisse penser quel vacarme!

20 Mars 1832

Bellini que j'ai revu ici, me témoigne beaucoup d'amitié et m'a parlé souvent de Lina. On voudrait l'engager pour écrire un opéra. mais ses prétentions sont trop élevées pour Barbaja. À la place de Barbaja, je risquerais volontiers une forte somme pour un pareil génie. La *Sonnambula* est, ce me semble, un assez bon précédent!

31 Août

À propos de M.me Fodor, j'y ai passé presque deux journées avec la fameuse Malibran qui a été d'une extrême amabilité pour moi; aussi suis-je un peu dans la position de M.me Sévigné à la représentation d'Esther à S.t Cyr; car je me suis surpris à lui trouver depuis lors plus de charme dans la voix, plus d'élan, de naturel dans le jeu, plus de facilité dans les roulades etc. que je ne m'étais efforcé d'abord de lui en reconnaître . . . . . efforcé, dis-je, parce que je t'avouerai que Smargiassi m'ayant raconté un peu vaguement que Lina avait eu à se plaindre de son accueil, je n'étais rien moins que disposé favorablement pour cette cantatrice, dont au surplus ma femme est positivement folle, au point de rompre en visière à tous ceux qui osent faire la moindre observation sur son compte, sans faire exception pour son très honoré maître et époux, qui s'est permis de trouver que cette

(1) Le célèbre Mendelssohn-Bartholdy fréquentait aussi la maison de M.me Fodor-Mainvielle et s'y fesait souvent entendre.

admirable actrice n'oubliait jamais d'en être une et, quoique se servant avec infiniment de goût, d'esprit et une mobilité de physionomie étonnante de toutes les ressources de l'art dramatique, ne se laissait jamais entraîner au delà par une de ces inspirations soudaines qui partent du cœur. C'est pourtant M.me Malibran elle-même qui m'a confirmé dans cette observation presque d'instinct, en me prouvant combien elle cherchait à analyser ses rôles et se moquant de ceux qui vantaient tant ses prétendues *improvisations* de chant et de jeu, effectivement préparées de longue main et en quelque sorte numérotées dans son *baulle* (1) pour un nombre donné de représentations.

On me sautait aussi aux yeux de trouver que sa voix était assez rebelle et ne se prêtait qu'à force d'études aux difficultés; eh bien! non seulement j'ai eu lieu de m'en convaincre, en l'entendant étudier un duo avec M.me Fodor, mais elle a pris plaisir à me l'avouer elle-même, en ajoutant qu'elle en tirait vanité; une telle victoire sur les obstacles lui semblait préférable aux plus beaux dons de la nature; et à ce propos elle m'a dit qu'elle avait étudié pendant six ans le rondò de *Cenerentola* et qu'elle n'en était pas encore à bout.

Nous avons eu plusieurs discussions sur quelques détails de son jeu dans *Cenerentola* et *Gazza*, discussions qu'elle a soutenues avec infiniment d'esprit et même de bons sens et de tact, de manière à me convaincre souvent; mais je n'ai pas encore osé aborder ma critique plus importante que voici. Il me semble qu'à force de vouloir mettre en évidence dans le rôle de *Desdemona* sa passion pour *Otello*, elle en fait disparaître, surtout dans la scène de l'assassinat et précisément lorsqu'*Otello* dit *Ma inutili i sospiri or partono dal cor*, cette nuance de pudeur encore virginale (car dans la pièce italienne, elle n'est pas encore mariée) que j'aimerais à y retrouver, au lieu de ces caresses lascives, plus encore que passionnées et qui me sembleraient plus appropriées à Cléôpatre ou à Armide qu'à la pure et naïve Vénitienne.

Comme actrice son rôle magnifique est *Ninetta* de la *Gazza ladra*.

(1) On appelait *baulle* un carnet sur lequel les artistes notaient les *fioritures*, ornements, variantes, jeux de physionomie de leurs rôles.

6 Octobre 1832

Crescentini va me donner de nouveaux solfèges composés tout récemment et, à ce qu'il me dit, plus faciles et d'une étendue de voix plus bornée que les anciens. Il en fera la dédicace à Lina.

M.me Malibran avec laquelle j'ai fini par me lier d'une assez vive amitié et qui a eu un succès incomparable et toujours croissant, est partie le 3 pour Bologne.

Les compositeurs engagés cette année pour *San Carlo* sont Donizetti et Pacini.

6 Mai 1833

Bellini est-il venu vous voir, lors de son passage à Paris ? je le lui avais bien recommandé.

J'ai été bien attristé dernièrement par la mort de ce pauvre Michel Beer (1) auquel m'attachaient de si doux souvenirs de jeunesse!.... Et Hérold (2), aussi?.... Mon Dieu ! comme les rangs s'éclaircissent.

Je serais bien fâché que Pacini réalisat son projet de réimprimer les *Passatempi:* s'il n'en a encore rien fait, tu devrais lui proposer une affaire plus avantageuse pour tous les deux. Comme je suis non seulement l'arrangeur, l'unique transcripteur des chansons nationales de Naples, mais l'auteur, comme tu sais, de celles qui, modestie à part, ont plus de vogue, telles que *Fenesta vascia, La Festa di Piedigrotta*, *Aizzaje l'uocchio 'ncielo* et vingt autres, je serais disposé à en publier, sous mon nom, les plus saillantes, à Paris, avec préface, notices, traductions, détails de mœurs etc. et jolies lithographies, en y comprenant une douzaine de chansons inédites que j'ai en portefeuille, m'étant réservé de les publier plus tard ; et je lui céderais la propriété du tout, moyennant Cinqcents francs et 25 exemplaires.

Naples 2 Juillet

Bellini m'écrit de Londres combien il a été peiné de ne pas vous avoir vu, lors de son passage à Paris: il espérait s'en dédommager

(1) Michel Beer, poète, frère du célèbre compositeur Meyerbeer.

(2) Herold, l'auteur bien connu de *Zampa* et du *Pré-aux-clercs*.

à son retour qui doit avoir lieu ces jours-ci. On vient de donner avec un grand succès sa *Sonnambula* et l'on va jouer le 6 sa *Norma*. — Avez-vous vu Mme Fodor ? Nous la regrettons beaucoup. Quant à la Malibran, elle a été assez aimable de me donner de ses nouvelles de Londres : elle me dit qu'elle va revenir à Naples.

L'éditeur Launer m'a écrit pour avoir les *Passatempi Musicali*. Il paraît que lui aussi voudrait les réimprimer. Je lui ai fait la même proposition que je t'avais priée de faire à l'éditeur Pacini, savoir de lui céder la propriété de mes 20 nouvelles chansons napolitaines, de les traduire, d'y faire des notices et d'y faire de jolies litographies représentant des scènes populaires napolitaines. Crois-tu que Bouchot (1) et Félix se prêteraient à me faire ces vignettes, moyennant bonne compensation s'entend ? Launer me donnerait tant argent comptant et tant d'exemplaires.

12 Octobre 1833

J'ai recommandé à Jenny de te raconter ce que Bellini a écrit de vous à Florimo: insistez auprès de lui pour qu'il reste à Paris ; dites-lui que c'est l'avis formel aussi de Florimo. On veut positivement l'engager pour le grand Opéra. Mille choses affectueuses à lui et à Dessauer (2) s'il est encore auprès de vous.

Mon second journal, un gros cahier de 88 pages, a paru hier. J'ai quatre ouvrages périodiques (3) par mois sur les bras et je n'ai

(1) Bouchot, peintre très distingué: dans la cathédrale de Chartres il y a de lui un très beau tableau.

(2) Dessauer, renommé compositeur de Vienne, auteur d'un grand nombre de *lieders*.

(3) Un de ces ouvrages est l'*Omnibus* et *Omnium*. Voici en quels termes, dans la préface, l'auteur expose le but de cette publication :

« ..... Les frais de port assez considérables, auxquelles les *Revues scientifiques et littéraires* étrangères sont assujettis, ne permettent qu'à bien peu de personnes à Naples, de se procurer par leur lecture, un délassement agréable, en même temps qu'une instruction variée ; et même pour celles-ci, la spécialité essentiellement circonscrite de ces recueils périodiques est un obstacle à ce qu'elles puissent saisir, dans leur ensemble, les progrès de la littérature et le tableau mouvant de la société, dont, par leur faisceau réuni seulement, ils peuvent se dire l'expression assez fidèle.

« Frappés de cette idée, nous ruminions depuis quelque temps le projet d'une semblable revue générale, et, à l'avouer franchement, nous ne reculions, à la veille absolument personne pour m'aider ! Personne ne le croira. Je ne dors pas cinq heures en tout et j'en écris au moins douze par jour. Le reste du temps il faut courir et vaquer à mes affaires. Heureusement ma santé ne s'en ressent pas, excepté les yeux.

Félix est donc de retour de Venise à Constance chez la Reine Hortense ?

2 Novembre 1833

Il faut que tu saches que j'ai fait ici la connaissance du Baron d'Haussez, un des derniers Ministres de Charles X, qui a publié un ouvrage sur l'Angleterre qui a eu le plus grand succès, à ce que disent les journaux: il a été depuis en Allemagne et dans le Tyrol et il a eu la bonté de me communiquer les manuscrits de ses voyages dans ces deux pays et en Italie, m'autorisant à en insérer des fragments dans mon recueil *Le Tour du Monde dans un fauteuil.* Je l'ai fait comme tu peux penser et de nombreux extraits vont en paraître dans le 2e et le 3me numéro ; mais, outre ceux-ci, j'en ai conservé dans mon portefeuille d'autres sur *La police Autrichienne,* sur *Les Universités et sur les Sociétés secrètes en Allemagne.* La censure ne me permettra pas de les publier ici. Voulez-vous que je vous les envoie ? *Le Voleur et le Cabinet de lecture* ont publié il y a 4 mois des fragments du voyage en Angleterre du Baron d'Haussez et probablement

de l'exécuter, que devant les frais assez considérables où nous aurait entraîné l'abonnement à tant de journaux, et encore plus devant la difficulté de trouver, au milieu d'autres occupations, assez de loisir pour les parcourir, lorsqu'un hazard inopiné nous a fourni le moyen d'aplanir ce double obstacle, en nous procurant la connaissance d'un flâneur *journalomane*, s'il en fût jamais, de M. Guillaume Cottrau, lequel, informé de notre perplexité, nous a généreusement offert la communication de précieuses tablettes, où il enregistre, jour par jour, le résumé ou des fragmens choisis de ses lectures: lectures on ne peut plus variées et *palpitantes d'actualité*, suivant l'expression du jour, car, abonné lui-même à plusieurs journaux et premier dégustateur des nouveautés en tout genre, il a su tellement diriger ses liaisons dans le sens de sa manie prédominante qu'à l'aide de celles-ci, d'échanges ou autrement, il est parvenu à s'assurer une honnête pâture d'au moins douze heures par jour, en journaux, feuilles littéraires ou publications nouvelles *ejusdem farinæ*.

« .... Cette merveilleuse trouvaille nous offre des matériaux trop abondants pour nous laisser d'autre embarras que celui du choix.

On voit par là que c'est *à tous* que nous voulons nous adresser, moyennant l'aide *de tous*..... »

ils attacheraient beaucoup de prix à ceux que je possède: ne seraient-ils pas peut-être bien aises d'offrir cette primeur à leurs abonnés?

J'ai eu de tes nouvelles par Bellini qui a écrit à Florimo qu'il vous avait accompagnées au *Pirata*. Il est enchanté de vous, et moi *qu' il le soit*.— Voyez-vous Ivanoff? C'est un intime ami. J'étais ici son Mentor, son guide, son conseiller.

22 Novembre 1833

Donizetti vient d'ajouter trois morceaux à son *Furioso* et a aussi renforcé l'orchestration de tout l'opéra pour l'adapter à une plus vaste salle que celle du *Valle* à Roma. Le *Furioso* va effectivement être donné à la *Scala* de Milan.

Bellini parle beaucoup de vous deux dans ses lettres à Florimo. Il est enchanté, ravi de la voix, du goût et de la vraie expression de Lina.

Vous savez que Rossini voudrait l'engager pour trois ans. À dire vrai, je préférerais le Grand Opéra: aux Bouffes Italiens on est routinier et pédant: on y accepte les succès tout faits et importés d'Italie.

Dis-lui, mais en secret, car je ne voudrais pas ébruiter cela, que je m'escrime tous les jours pour ses *Capuleti* avec la Malibran qui veut absolument les donner comme on les a joués à Bologne. Je lui ai dit à ce sujet de dures vérités dont elle s'est fâchée et nous avons été presque brouillés pendant quelques jours. Tu vois jusqu'où je pousse l'amitié, car je vais par là directement contre mes intérêts d'éditeur de musique. En effet tout Naples est gorgé des *Capuleti* de Bellini et la Malibran mettrait en vogue les morceaux, nouveaux pour ici, que Mercadante, Celli et Vaccaj ont composés et qu'elle y a intercalés. Je ne désespère pas encore de l'emporter, au moins pour le duo du 1er acte. M.me Malibran, à ce qu'elle m'a avoué hier soir, a une dent contre Bellini, qu'elle préfère pourtant hautement à tous les autres compositeurs, car elle m'assure ne rien désirer aussi ardemment que de chanter un opéra que Bellini composerait pour elle. Elle lui en a fait la proposition à Londres, lui offrant même de lui payer elle-même l'opéra. Je me suis recrié contre l' impossibilité de ce singulier marché, sans poète, sans théâtre, sans compagnie *connue*. Elle aurait voulu au moins un air de lui: je me suis abstenu de lui objecter l'intimité de Bellini avec M.me Pasta, qui s'y oppose probablement. Enfin c'est un procès dans toutes les règles que je soutiens pour Bellini, en insistant et renchérissant comme de juste sur ce que notre ami à écrit sur son compte, à l'occasion de la *Sonnambula*. A propos de cet opéra, je remue ciel et terre pour que tout le public le demande à grands cris par M.me Malibran; articles de journaux, insinuations d'amis communs etc. etc. rien n'y manque, et j'espère de forcer ainsi M.me Toldi, qui est en possession de ce rôle, à le lui offrir d'elle-même. Dis tout cela à Bellini.

M.me Malibran n'a chanté que trois fois, dans l'*Otello*, dans la *Gazza* et la *Prova d'un' opera seria*. L'enthousiasme ne se rallume jamais à la même mèche; je le lui avais dit; aussi le public est-il un peu désappointé dans son attente et M.me Malibran s'en serait aperçue désagréablement peut-être sans l'étouffoir de trois *galas* successifs (les deux Reines et Léopold) qui lui permet d'attribuer à une antipathie du Roi l'absence d'applaudissements (hormis dans le *rondò* de la *Prova)* et assez faibles encore.

Mais en voici assez ma foi sur ce chapitre où je ne me suis laissé entraîner que pour Bellini.

Je suis enchanté que cet excellent Dessauer aille vous voir. Il n'est donc plus question de son opéra à Milan?

18 Décembre 1833

Mes publications (1) m'ont fait beaucoup d'honneur (*Gli Annali Civili* en ont longuement parlé), mais je ne suis pas encore dans mes frais. Il ne faut pas pourtant se décourager.

(1) *Gli annali civili del regno delle due Sicilie*, la plus importante publication littéraire de Naples sous Ferdinand II. Voir *fascicolo VI* aux pages 178, 179, 180, 181, 182 et 183.

En outre le journal l'*Omnibus* du 26 Octobre 1833 s'exprimait ainsi:

« La Rivista *Omnibus* et *Omnium* di Guglielmo Cottrau d'ogni umana disciplina prende a trattare senza pedanteria e con piacevolezza tutta francese ».

Et le même journal en date du 15 Février 1834:

« Crediamo senza tema di errare che in Napoli il più diligente propagatore della letteratura straniera sia il sig. Guglielmo Cottrau. Nè solamente il suo ufficio si restrigne a spigolare e scegliere tra le più belle opere del giorno facendole pubblicare o nell'idioma francese o nel nostro, ma la sua prima cura consiste in dar conoscenza di quante novità possano interessar la letteratura contemporanea.

« In prova di ciò, fatevi a leggere la sua *Raccolta di viaggi* e il suo *Decamerone*

J'ai envoyé l'autre jour à Troupenas une longue lettre sur la Malibran, qui doit être à cette heure-ci dans les journaux, surtout dans le *Temps*. Tâche de la lire.

Je suis toujours très bien avec elle, mais nous nous chamaillons continuellement, car elle ne s'aime guère à s'entendre donner des conseils et tu sais que c'est mon fort ou mon faible.

Dis à Bellini que Florimo est venu me lire sa dernière lettre et que nous allons lui répondre: qu'au surplus je savais déjà tout par Mainvielle qui m'écrit que Scribe est *enchanté* de lui et disposé on ne peut mieux.

J'espère bien que Pacini (1) aura à cette heure-ci envoyé les ariettes du pauvre Crescentini qui me tourmente du matin au soir.

1re Février 1834

Annonce à Mainvielle que la *Société* a définitivement les théâtres et que Barbaja, pour les écraser par le contraste, a prolongé jusqu'au 9 mars l'engagement de la Malibran. La *Diva* chante après demain la *Sonnambula*.

Coccia a fait fiasco complet avec son nouvel opéra.

4 Mars

Je viens de trouver dans les *Récréations Musicales* de Herz trois thèmes à moi. Enchanté ! bien entendu.

Mille choses affectueuses à Dessauer et à Bellini. Je comptais répondre aujourd'hui à une proposition de ce dernier et lui écrire au

delle migliori novelle francesi e vedrete che appena il pensiero potrebbe dirvi gli ultimi giri del globo e le più recenti opere in quel genere di letteratura. Si aggiungano a questa preziosa freschezza di notizie, le sue giudiziose note, i suoi utili avvertimenti di tempo e di luogo, la scrupolosa esattezza per tutta la parte tipografica, e vedrete che non vi ha opere più utili e piacevoli di quelle che vengono alla luce per gli studii del sig. Cottrau. Quindi le raccomandiamo senza nessuna premura di encomiare l'erudito autore, ma semplicemente per giovare agli amatori della soda e amena letteratura. — STERLICH ».

(1) Pacini, éditeur de musique à Paris: ne pas confondre avec le compositeur.

sujet de son opéra, mais le temps me manque aujourd'hui absolument.

Dis-lui, en attendant, que je ne suis aucunement de son avis pour l'*Ildegonda;* c' est un sujet bourgeois, larmoyant et monotone.

Dis lui que la Malibran a obtenu un succès colossal dans *Norma.* Elle est engagée pour 40 réprésentation ici de Novembre à Février prochain, 80,000 f. et deux bénéfices. Qu'en dis-tu? N' est-ce pas fabuleux? — Elle part dans huit jours.

14 Mars 1834

J'envoie aussi à Lina l'air finale de la *Sonnambula* transposé comme le chante la Malibran.

M.me Malibran est délicieuse dans cet opéra, mais son triomphe définitif est dans *Norma* où elle a eu un succès d'enthousiasme incroyable. Imagine-toi qu'à sa dernière représentation avant hier (car elle est partie hier pour Bologne), après avoir été applaudie dans tous les morceaux avec *fureur*, elle a été *chiamata fuori* dans le morceau final dix fois de suite par une foule frénétique d'admirateurs. Elle est engagée du 10 Novembre au 3 Mars prochain, 45 représentations à 2000 francs chaque!...

Mon article musical a paru, à ce que m'assure Bénédict, dans la *Revue Musicale* de Janvier: tâche de me l' envoyer.

30 Mai

Barbaja ayant cédé la place à une nouvelle Société, nous avons failli perdre le privilège des nouveautés du théâtre, base principale de notre établissement. Une concurrence redoutable s'était soulevée contre nous et ce n'est qu'après deux mois de négociations et de contrariétés de toute sorte que nous sommes parvenus à l'emporter, même sur Ricordi, le célèbre éditeur de Milan, avec lequel du reste nous avons pris des arrangements.

L'éditeur Troupenas a acheté, 6000 francs le droit de graver le nouvel opéra de Bellini. J'ai écrit à ce dernier une longue lettre il y a 15 jours.

4

Milan 11 Juin 1834

À M. G. Cottrau

Cher ami

Une dame de ma connaissance est si aimable de se charger de la présente lettre et de vous apporter en même temps quelques unes de mes romances gravées à Paris. Mettez-les aux jolis pieds de Mme votre épouse et priez-la en mon nom de vouloir les accepter comme un tout petit hommage rendu à son beau talent. Vous pourriez peut-être faire graver le Boléro *Le retour du promis*, car je me flatte qu'il n'est pas sans mérite, quoique bien petit dans la coupe. Votre aimable sœur l'a chanté d'une manière ravissante; c'est à sa bonté et à son talent très distingué que je dois le succès de la plupart de mes romances.....

Tout à vois

Dessauer

---

8 Juillet 1834

À propos de Marliani, l'auteur du *Bravo*, aurais-tu quelque moyen de lui faire savoir que l'*Impresa* lui a écrit, depuis deux mois, pour lui offrir un engagement à St Charles pour un opéra avec la Malibran? Il n'a pas répondu et il faut supposer que la lettre se soit égarée. Comme on m'assure que ce jeune homme a beaucoup de talent, je le préférerais à Vaccai, Carafa et Conti qui sont sur les rangs avec lui pour trois opéras qui restent à donner cette année.

As-tu rien fait pour la cession de propriété de nos nouveautés théâtrales? Il ne faut par perdre de temps, car on va donner la *Maria Stuarda* de Donizetti.

15 Juillet

Je lis maintenant un roman de Grossi *Marco Visconti* qui me semble très intéressant; je le fais arranger en opéra pour Mercadante.

Donizetti écrit *La fiancée de Lammermoor;* Coccia va donner *Marfa*, sujet tiré d'une ébauche de tragédie de Schiller; Staffa entre demain en répétition pour un opéra au Fondo dont j'augure bien, tant à cause du sujet *Le Mariage de raison* qu'à cause des exécutants, la Tacchinardi, très agréable chanteuse et Ronconi, baryton délicieux qui dans le *Torquato Tasso (zitto, zitto per carità)* n'a rien à envier à Tamburini. C'est tout dire!

Dans le *Vert-vert* que m'a envoyé Rossini, j'ai trouvé des calomnies absurdes contre toutes les nouveautés d'ici. On y lit entr'autres choses que le *Sordello (Torquato Tasso)* de Donizetti n'a pas eu de succès! C'est absolument faux. Il a tellement plû qu'on a dû le passer du Fondo à S.t Charles, où on l'a encore donné hier pour la 22.me fois avec de bruyants applaudissements. On y lit aussi que le *Venti di Agosto* d'Aspa au Teatro Nuovo a été sifflé, tandis que jamais aucun opéra n'a eu autant de succès: que le concert de Bénédict n'a produit aucun effet, tandis qu'il a été très brillant etc.

À propos de Rossini, dis-moi si Troupenas a publié les 8 ariettes et 4 nocturnes que le grand charmeur vient de composer. Le duo *Mira la bianca luna* est un chef d'œuvre (1).

Nos excellents amis Troysi viennent de perdre tout leur revenu de cette année, une pluie caustique impregnée de fumée du Vésuve et de cendres ayant devasté leur terre.

20 Juillet 1834

Écris un mot à Bellini (Rampe du Pont de Neully n. 19 bis à Puteaux) pour lui annoncer le succès complet au *Fondo* de sa *Beatrice di Tenda*, malgrè une exécution très médiocre, à part Cosselli. Dis-lui que Florimo se plaint de son silence, et demande-lui s'il pourrait arranger le rôle d'*Imogene* du Pirata pour la Malibran à laquelle je voudrais le faire chanter.

Parisina, charmant opéra de Donizetti, a eu aussi un succès complet à S.t Charles — *Maria Stuarda* sera donnée le 15 Août.

2 Août

La *Société des théâtres* m'a chargé de faire des ouvertures à Auber pour écrire cet hiver un opéra pour la Malibran. On attend aussi

(1) C'est l'album très connu de Rossini *Soirées musicales*.

une réponse définitive de Meyerbeer: si tu le vois par hazard, pousse le et prends-le par son amour-propre. Tu conçois l'intérêt que je prends à ce que des compositeurs célèbres écrivent pour nos théâtres, puisque nous avons la propriété absolue de leurs ouvrages.

Ricordi, l'éditeur de Milan, est venu exprès ici pour s'entendre avec nous au sujet de ces nouveaux ouvrages.

4 Septembre 1834

Quoique je sois harassé de sommeil et de fatigue ayant passé la nuit entière au Vésuve dont le cône au milieu du cratère s'est affaissé depuis 10 jours et dont la lave, après une pluie de cendres, s'est ouvert sept nouvelles issues dans le flanc de la montagne à demi-hauteur, je prends la plume pour t'écrir d'*un œil*, en dormant de l'autre, comme me disait notre cocher de cette nuit, auprès du quel j'étais assis sur le siège et qui ma foi! en faisait autant à la lettre pour guider ses chevaux.

On doit monter un grand spectacle pour le 12 Janvier, fête du roi, et Bellini doit donner son opéra pour le 20. Si ce dernier refusait l'engagement qui lui a été envoyé, Marliani pourrait prendre sa place. Dis aussi à Marliani que Duprez est un excellent ténor, et Porto une bonne basse-taille pour lesquels Donizetti a composé *Parisina*, dont il peut prendre les rôles d'*Ugo* et d'*Ernesto* pour types. M.me Duprez a une jolie voix et a chanté ici la *Jeanne Seymour* d'*Anna Bolena.*

18 Septembre

On ne donne plus le nouvel opéra de Donizetti, au moins sous son titre de *Maria Stuarda* ou même de *Giovanna Gray* qu'on lui avait substitué, moyennant un soufflet à cette pauvre histoire qui en a pris son parti! Ces deux sujets viennent d'être mis à l'index par le roi en personne. On attribuait d'abord cette rigueur à une susceptibilité de la Reine, dont Marie Stuart est la *duodécaïeule*, ni plus ni moins que le roi par Marie-Louise de Savoie, femme de Philippe V; mais il est avéré maintenant que ce n'est qu'un corollaire d'un changement absolu de système, comme tu verras par la lettre que j'adresse à

Mainvielle-Fodor et que je laisse ouverte exprès. Ne t'allarmes pas de ce que je lui parle politique : cela ne m'arrive presque jamais, mais cette fois-ci la voie est sûre et à l'abri de tout accident.

Il est maintenant question de tout remanier et de faire écrire un nouvel opéra à Donizetti pour la Malibran qui ne vient que le 1.er novembre.

Nous attendons d'un moment à l'autre une réponse de Bellini. Sans ces deux compositeurs, nos théâtres iraient à la diable.

25 Octobre 1834

Voici pour l'editeur Chappel de Londres une lettre de Donizetti relative à son opéra *Buondelmonte*, qui a remplacé *Maria Stuarda* proscrite, et qui a été joué le 18 Octobre à S.t Charles avec un assez grand succès.

Sais-tu que Bellini a rompu ses engagements avec le Théâtre Feydeau et que très probablement il aura accepté à cette heure les nouvelles offres de la *Société* de nos théâtres ?

20 Novembre

J'ai reçu le refus de Marliani. Je compte écrire moi-même à Meyerbeer, car ce serait un beau coup de filet pour nos théâtres.

Je t'adresse un *Rondò* inédit composé pour M.me Malibran par Pacini et que cette chanteuse introduira demain dans *Tancredi*.

Oui, la Malibran a eu un succès colossal dans sa rentrée ! En vérité, elle a gagné sous tous les rapports.

Tu sais que Bellini vient ici pour y monter son opéra de Paris et qu'il partira en toute hâte après la 1.re représentation, qui aura lieu dans un mois au plus tard.

Dis à Bellini, si tu le vois, que la Malibran est arrivée, qu'elle est enchantée de l'espoir d'avoir un opéra de lui, mais elle craint en vérité qu'un rôle écrit pour la Grisi ne lui aille pas. Pour la satisfaire, il faudrait au moins lui refaire une cavatine. Cela la flatterait infiniment.

Donizetti m'a bien promis d'aller vous voir; il sera à Paris pour le jour de l'an et vous donnera de nos nouvelles, car il vient constamment à la maison.

Adieu, car un importun veut à toute force me faire mille questions pendant que j'écris et je ne suis pas un César!

9 Décembre 1834

Tes appréciations musicales sur la musique que je t'ai envoyée, chère Maman, je ne les partage pas, surtout pour ce qui est du *Buondelmonte*. Permets moi de te dire qu'il faut se défier de la première impression que produit la musique de Donizetti: elle ne frappe jamais par sa nouveauté, mais on ne regrette pas ensuite d'en avoir fait la connaissance. Je suis sûr que si Lina a chanté la Cavatine de la Ronzi, son duo avec Porto, le duo de la Delsère et de Pedrazzi et même celui de Pedrazzi et de Porto que vous aviez mis au rebut, elle ne sera pas aussi sévère pour ce dernier opéra de Donizetti, dont la Malibran, pour en avoir vu seulement la partition, s'est amourachée au point de vouloir absolument le remonter à Milan comme *Marie Stuart*.

On va bientôt jouer le *Colonello* de notre bon ami Ricci.

Théodore va tous les jours chez Mme Malibran où il a commencé à apprendre l'anglais avec le ténor Duprez, par la méthode Jacotot, sous la direction de Bériot qui est d'une patience admirable.

3 Janvier 1835

Entre nous l'opéra *Amélia* de Lauro Rossi, sur lequel on fondait de grandes espérances, n'y a guères répondu, quoique la musique en soit assez spontanée et chantante. L'essai d'un opéra bouffe composé pour *San Carlo*, où on n'en a jamais donné que de *racroc* et après les avoir montés au *Fondo*, a échoué contre l'apathie des napolitains et leur vieille admiration pour une salle qu'ils regardent consacrée exclusivement à de grands opéras. Ils ont donc crié au sacrilège, d'autant plus que le sujet de cette *Amélia* est on ne peut moins susceptible d'effets dramatiques; que la Malibran y a été mal secondée par Pedrazzi, Frezzolini et une foule de *cani* de 2^d^ et 3me ordre et que l'ouvrage a été horriblement monté en décorations vieilles, usées jusqu'à la corde et déplacées, sans parler des costumes tout-à-fait disparates, anachroniques, de charades en action enfin. Ajoute à cela une malheureuse *mazourka* que cette folle, entêtée de Malibran a voulu danser au 2d acte, toute seule avec un danseur Mattis!... ce qui n'a pas peu scandalisé nos perruques! Bref, l'opéra, quoiqu'applaudi à plusieurs reprises dans les quatre morceaux de la Malibran, n'a pas eu de succès et ne tiendra pas longtemps au repertoire.

Mon frère Félix est-il de retour à Paris? que prepare-t-il pour l'Exposition? Il parait qu'il aurait besoin de se rechauffer au soleil d'Italie. N'est-il pas en vérité déplorable que l'universalité des talens de ce cher frère ne lui fasse considérer la palette que comme un pis-aller?

Nous avions à dîner l'autre jour Young, le célèbre tragédien anglais, la Malibran, Bériot et Bénédict.

26 Mars 1835

À M.r Bernard Latte, éditeur de musique à Paris.

J'espère qu'on aura publié le *Marino Faliero* et que Donizetti aura eu sa croix de la Légion d'honneur.

C'est avec un vif plaisir que nous vous annonçons le succès complet et même sans exemple de puis bien longtemps au *Fondo*, du nouvel opéra des frères Ricci, *Il Colonnello*, donné avant hier et répété hier au bruit d'éclatants applaudissements. À la fin de presque tous les morceaux et surtout des deux actes, le compositeur et les chanteurs ont été appelés sur la scène. Le rôle de M.lle Unger avait été composé pour la Malibran. Celle-ci en raffolait et a emporté de Naples un vif regret de ne pouvoir pas le jouer, à cause de la dislocation de son poignet et de la maladie de Pedrazzi.

Nous vous envoyons plusieurs morceaux de ce charmant opéra qui, nous l'espérons, pourra être joué au Théâtre Italien.

Le rôle du faux colonel (le sujet est tiré du vaudeville de Scribe) irait à merveille à M.lle Grisi, celui de M.lle Duprez à M.lle Amigo, celui de Duprez à Rubini et celui de Pedrazzi très aisément par Tamburini. — Nous vous recommandons d'annoncer l'ouvrage comme composé par les deux frères Ricci, dont la collaboration qui remonte à six ans n'avait pas été publiée officiellement jusqu'ici, quoiqu'elle fût connue de tout le monde. Les compositeurs tiennent aussi beaucoup à ce que vous n'oubliez la dédicace, telle que nous vous la marquons.

Signé B. Girard & C.i

9 Avril 1835

Tu sais que le mariage de M.me Malibran est rompu ou plutôt annulé, et qu'elle va épouser Bériot, qui est un excellent garçon, rempli de talent et même d'esprit, quoiqu'une extrême froideur ne le lui fasse guère mettre au dehors.

28 Avril

Jenny t'a écrit par M.me Bénédict, partie avec son mari il y a 8 jours. Elle t'aura sans doute dit précédemment combien elle était liée avec cet excellent couple, pour lequel nous avons ressenti à la veille de leur départ un redoublement d'amitié. Nous nous voyions presque tous les jours et ils te donneront mille détails sur notre ménage qu'ils connaissent dans leurs plus petits recoins. Vous ne sauriez les accueillir avec trop d'intimité.

M.me Malibran est engagée à Londres pour chanter à Drury-Lane et doit être rendue à son poste à la fin de ce mois. Après être restée quelques jours à Paris, elle doit être allée à Bruxelles pour s' y marier avec Bériot. J'ai à faire passer à ce dernier la partition du *Colonello,* opéra de Ricci qui est notre propriété très précieuse et que M.me Malibran a l'intention de faire traduire en anglais pour le chanter. Je t'en fais l'expédition...

14 Juin

J'espère que tu as Félix auprès de toi et qu'il t'aura conté toute l'affaire de son maudit passeport qui l'a empêché de venir à Naples. Entre nous il s'agissait de bien autre chose que de l'intrigue amoureuse X.... Les légations de Paris, de Berne et de Rome l'avaient signalé comme affilié à toutes les associations de proscrits italiens et entr'autres choses comme S.t Simoniste!! — Malgré cela, à force d'*im-*

pegni et de démarches, j'étais parvenu à le rendre blanc comme neige: mais tout a échoué contre l'apathie et le crainte de *se compromettre* d'un octogénaire retombé en enfance qui a par intérim le portefeuille des Affaires Etrangères, de...... qui, sans se prononcer contre l'avis favorable du Ministre de la Police, répondait à toutes nos instances qu'il voudrait en conférer verbalement avec celui-ci avant de soumettre l'affaire au Conseil des Ministres!!. Est-il croyable qu'on mette autant d'importance à une semblable vétille?

Tu ne saurais croire les démarches humiliantes que j'ai dû faire et les déboires auxquels je me suis exposé! En vérité si j'en faisais la moitié autant pour obtenir une promotion à la Marine, celle-ci ne pourrait pas me manquer! Encore si j'avais eu le bonheur de serrer dans mes bras ce cher frère!.... À Dieu sait quand maintenant?

Il faut bien se garder, il semble, de se prononcer vite sur le mérite de la musique qu'on entend pour la première fois. Si elle est vraiment neuve, n'est-on pas tenté de la juger baroque, et triviale si elle simple? Quels jugements n'ai-je pas entendu porter sur des opéras dont on n'oserait plus maintenant contester le mérite, à partir de la *Semiramide* qui est restée un an dans les rayons du magasin Girard sans trouver des chalands, jusqu'aux *Puritani* qu'on stigmatise d'un seul mot en l'appelant *musica francese!* N'ai-je pas entendu Lablache à la répétition de la *Sonnambula* et après le final 2.e acte, déclarer qu'on ne pourrait pas achever cette détestable *chitarrata?* Que n'a-t-il pas dit ensuite de la *Norma?* Il me semble donc que tu es bien sévère pour *Buondelmonte*, pour le duo du Soprano et Basso qui était celui de la confession dans la *Maria Stuarda*, pour le duo Soprano et Tenor de l'*Ines di Castro* de Persiani et pour plusieurs morceaux du *Colonnello*, très joli opéra, je t'assure.

Nous passons ordinairement les soirées avec Donizetti (1) et sa femme à la Ville Majo où nous sommes en *villeggiatura:* on cause, on fait de la musique et on prend du thé.

---

(1) Le piano à la Ville Majo, sur lequel Donizetti jouait et composait, appartenait à Guillaume Cottrau et est resté entre les mains de ses fils.

Principaux opéras joués de 1830 à 1835

H. BERLIOZ — MENDELSSOHN — WAGNER — BLAZE DE BURY

MARIA MALIBRAN À NAPLES — G. MEYERBEER ET F. ROMANI

FRANCESCO FLORIMO

Pour l'histoire de l'art musical il est bon d'interrompre cette correspondance pour retracer avec quelques dates et en peu de mots le mouvement théatral de cette période assez brillante. Bellini et Donizetti ont raffermi leur réputation, le premier nous a donné deux chefs d'œuvre *Sonnambula*, et *Norma;* le second a développé son talent, s'est émancipé des formules Rossiniennes et a commencé à produire de la musique ayant un cachet spécial et particulier.

Nous trouvons donc de Bellini les représentations des ouvrages suivants :

Capuleti e Montecchi à Venise le 11 Mai 1830, chantés par la Grisi, Corradori et Bonfigli.

SONNAMBULA à Milan le 6 Mars 1831, la Pasta, Rubini et Marini.

NORMA (1) à Milan le 26 Décembre 1831, la Pasta, la Giulia Grisi, Donzelli et Negrini.

Beatrice di Tenda (2) à Venise le 16 Mars 1833, la Pasta, la Delsere, Cartagenova et Curioni.

PURITANI à Paris le 25 Janvier 1835, la Grisi, Rubini, Lablache et Tamburini.

(1) La première représentation de la *Norma* à la Scala de Milan fut assez orageuse.

Donizetti, qui se trouvait au théâtre, écrivit le lendemain à son ami Ghezzi de Naples ce qui suit :

« La *Norma* iersera andata in iscena alla Scala non fu compresa e fu intempe-« stivamente giudicata dai Milanesi. Per me sarei contentissimo di averla composta « e metterci volentieri il mio nome su quella musica. Basta solo l'introduzione e « l'ultimo finale per costituire la più grande delle riputazioni musicali ed i Milanesi « si accorgeranno bentosto con quale inconsideratezza avventarono un prematuro « giudizio sul merito di quest'opera. »

(2) La *Beatrice di Tenda* de Bellini, ainsi que *Lucrezia Borgia*, eurent très peu de succès à la première représentation.

De Donizetti:

Diluvio Universale (1) à Naples le 6 Mars 1830 avec la Boccabadati Lablache et Winter.

ANNA BOLENA à Milan le 21 Décembre 1830, la Pasta, la Orlandi, Rubini et Galli.

Fausta à Naples le 12 Janvier 1832, la Ronzi, Basadonna et Baroilhet.

ELISIRE D'AMORE à Milan, printemps 1832, la Heinefetter, Frezzolini, Genero et Debadie.

Sancia di Castiglia à Naples le 29 Novembre 1832, la Ronzi, Basadonna et Lablache.

Furioso à Rome le 3 Janvier 1833, la Orlandi, Ronconi et Salvi.

Parisina à Florence le 17 Mars 1833, la Ungher, Duprez et Coselli.

Torquato Tasso à Rome le 9 Septembre 1833, la Spech, Poggi et Ronconi.

LUCREZIA BORGIA à Milan le 26 Décembre 1833, la Lalande, Brambilla, Pedrazzi et Marini.

Rosmonda d'Inghilterra à Florence le 26 Février 1834, la Persiani et Duprez.

Buondelmonte (*Maria Stuarda*) (2) à Naples le 18 Octobre 1834, la Ronzi la Delsere, Pedrazzi et Porto.

En France deux opéras qui font époque, GUILLAUME TELL de Rossini (1829) et ROBERT LE DIABLE de Meyerbeer (1830).

(1) Cet oratorio, empreint de style grave et élevé, a été remanié en 1834 pour le théâtre de Gênes. Dans la même annee où il fut composé (1830) Donizetti a écrit également pour San Carlo à Naples l'*Imelda de' Lambertazzi*.

(2) *Maria Stuarda*, ainsi qu'on l'a vu par la lettre du 18 Septembre, a été transformée en *Jane Gray* et l'une et l'autre furent prohib es par le roi Ferdinand. Ajoutons qu'avant cette prohibition n'eût eu lieu, il se passa, lors des répétitions, une scène vraiment curieuse de rivalité entre les deux chanteuses, la Ronzi de Begnis (*Maria Stuarda*) et la Del Sere (*Elisabetta*) et précisément dans le final du 2me acte lorsque *Elisabetta* et *Maria Stuarda* s'échangent des propos plus ou moins incandescents. Voici ce qu'on lit à ce sujet dans le journal de Bologne *Teatri, Arte e letteratura*: « La Ronzi e la Del Sere vennero alle mani e sul serio: *Elisabetta* « prende *Maria Stuarda* pei capelli, la schiaffeggia, la morde, le pesta la faccia coi « pugni e le rompe quasi le gambe a furia di calci. *Maria Stuarda* sbalordita, ri« prende coraggio, fa fronte all'attacco e piglia animosamente l'offensiva, di modo « che la Del Sere cadde quasi senza sentimento e fu portata a letto svenuta! »

En regard de notre optimisme plaçons à présent l'appréciation de quelqu'un qui de parti pris dénigre tout. C'est pourtant un musicien de premier ordre qui a composé des pièces instrumentales très remarquables.

C'est Hector Berlioz (1). Evidemment la passion l'égare. Il crie malédiction à chaque pas qu'il fait en Italie. Voici quelques échantillons de sa prose échevelée:

Florence 12 Avril 1831

« Vous êtes le premier des Français qui m'ait donné signe de vie « depuis que je suis dans ce jardin, peuplé de singes, qu'on appelle la « *belle Italie!*...... Malediction!..

« Ah! oui, ici, à Florence, à mon premier passage, j'ai vu un opéra « de *Romeo e Giulietta* d'un petit polisson nommé Bellini: je *l'ai vu*, ce « qui s'appelle *vu*..... et l'ombre de Shakspeare n'est pas venue exterminer « ce myrmidon!.. Oh! les morts ne reviennent pas!

« Puis un misérable eunuque, nommé Pacini, a fait une *Vestale*....

Turin 25 Mai 1832

« A Milan j'ai entendu, pour la 1.re fois, un vigoureux orchestre: « cela commence à être de la musique, pour l'exécution au moins. La « partition de l'*Elisire* de mon ami Donizetti peut aller trouver celles « de mon ami Pacini ou de mon ami Vaccai. Le public est digne de « pareilles productions. On cause tout haut comme à la Bourse, et les « cannes font sur le plancher du parterre un accompagnement presque

(1) H. Berlioz (1803-1869) assigna dans son œuvre une large et brillante part à l'instrumentation et, à ce point de vue, son œuvre est extrêmement remarquable. Comme compositeur, Berlioz, à part quelques éclairs très lumineux, a été un génie peu inventif; aussi, en appréciant ses compositions sans parti pris, sans passion, on ne peut que sourire à l'idée de l'appeler le successeur de Beethoven, ainsi qu'on a l'air de vouloir le rêver sur les bords de la Seine.

L'école française, représentée dans la première partie de ce siècle par Méhul, Boïeldieu, Herold, Auber et Adam, s'est soutenue dignement par Halevy et A. Thomas et s'est élevée à son apogée par Ch. Gounod, qui en a été la plus forte expression. A côté de ce *maestrone*, brillent Massenet, Bizet et Saint-Saëns par un talent bien réel et d'un éclat qui certainement ne sera pas éphémère.

Massenet et Saint-Säens, artistes doués d'une organisation extrêment fine et délicate, ont droit en outre à la reconnaissance du monde musical par le culte qu'ils professent aux grands maîtres de l'Allemagne, dont ils interprètent les œuvres d'une façon magistrale sur le piano et sur l'orgue.

« aussi bruyant que celui de la grosse caisse. Si jamais j'écris pour ces « butors (*textuel*), je mériterai mon sort: il n' en est pas de plus bas pour « un artiste. Quelle humiliation ? »

15 Avril 1836

« Vous savez que je fais à présent les feuilletons de musique (de « concerts seulement) dans les *Débats*. Je n'ai pas voulu, malgré l'invi- « tation de M. Bertin, rendre compte des *Puritani* de Bellini, ni de cette « misérable *Juive* d'Halevy: j'avais trop de mal à en dire; on aurait « crié à la jalousie ».

Décembre 1864

« Flotow, auteur de la *Marthe*, n'a eu que des panégyristes. Ce plat « opéra est joué dans toutes les langues, sur tous les théâtres du monde. « Je suis allé l'autre jour entendre la ravissante petite Patti qui jouait « *Martha*: en sortant de là, il me semblait être couvert de puces comme « quand on sort d' un pigeonnier. »

Nous ne sommes pas de taille à lutter avec un pareil critique. Qu'il nous soit permis d'abaisser tant d'orgucil tant de presomption par une plume plus compétente de la nôtre, celle de Mendelssohn.

En 1831 l'auteur des *Lieders* immortels connut Berlioz à Rome et, dans une lettre à sa mère en date du 29 mars, il s'exprime ainsi sur le compte du critique-compositeur:

Rome 20 Mars 1831

« Berlioz est une vraie caricature, sans ombre de talent, cherchant à « tâtons dans les ténèbres et se croyant le créateur d'un monde nouveau; « avec cela, il compose de la musique détestable et ne parle et ne rêve « que Beethoven, Schiller et Goëthe. Il est de plus d'une vanité incom- « mensurable (1) et traite d'un superbe dédain Mozart et Haydn, de sorte « que son enthousiasme m'est très suspect.

(1) Ailleurs Mendelssohn a écrit: « Tout ce que nous faisons, ce ne sont que « des essais: mal s'y prend celui qui se met à l'œuvre avec la conviction d'être « déjà un *maître* (traduit par le professeur Amintore Galli dans son intéressante publication *Musica e musicisti*).

« Tu dis, chère mère, qu'il doit cependant poursuivre un but dans « l'art; je ne suis pas en cela de ton avis: je crois que ce qu'il veut, « c'est se marier, et il est, à bien prendre, pire que les autres, parce « qu'il est affecté. Cet enthousiasme purement extérieur, ces airs désespérés « qu'on prend auprès des dames, ces génies qui s'affichent en grosses « lettres, tout cela m'est parfaitement insupportable, et si ce n'était un « français, c'est-à-dire un homme avec lequel les relations sont toujours « agréables — car les Français ont le talent de n'être jamais à court et de « savoir vous intéresser — il n'y aurait pas moyen d'y tenir. »

Et un éminent critique français, M.r Blaze de Bury, parle ainsi de Berlioz dans la *Revue des deux mondes* du 1er octobre 1838:

« Dès le premier jour M. Berlioz est entré dans l'art avec les allures « farouches d'un jacobin de 93. Caractère impétueux, résolu, superbe, il « ne proclame que le génie qu'il a sacré de ses mains, il fait bon marché « des réputations les plus aimables et les plus charmantes: .... lui, M. « Berlioz, n'épargne rien et c'est surtout contre l'Italie (1) que sa violence « s'exerce, contre la terre parfumée et sereine de Paisiello, de Cimarosa, « de Rossini. Jamais M. Berlioz ne s'est promené dans les jardins de Naples « ou Sorrento sans abattre les plus hautes et les plus mélancoliques têtes « de pavots du bout de son petit baton de mesure avec lequel il conduit « la *Symphonie fantastique* (2) ou l'ouverture des *Francs-Juges*.

« Je défie qu'on cite en musique une tradition glorieuse que M. Berlioz « ait respecté. La mélodie, le rythme, la voix humaine? Pour la mélodie, « la plupart du temps elle lui échappe, et, si d'aventure il la tient dans « ses mains, c'est pour la torturer sous les ténailles d'un rytme de « fer, avec la joie barbare d'un enfant qui plume un oiseau. Comme « tous les caractères désorganisateurs, M. Berlioz a le génie de la destruc- « tion: il trouve moyen d'en finir en une fois avec la mélodie et le « rytme et d'anéantir l'un par l'autre ces deux élémens essentiels de

(1) Il faut croire pourtant que Berlioz revenait de temps en temps de sa furieuse *italophobie* puisque le même Blaze de Bury écrit dans la *Revue des deux mondes* du 15 Janvier 1884: « J'ai vu Berlioz au Théâtre Italien pleurer à chaudes larmes au « 3.me acte de la *Lucia* et pendant l'adagio de la cavatine du *Pirata* ».

(2) Le *Ménestrel* du 5 Octobre 1884 nous apporte le jugement de Richard Wagner, le grand novateur moderne, sur l'œuvre de H. Berlioz et particulièrement sur la *Symphonie fantastique*. L'auteur de *Lohengrin* trouve « qu'il s'y amoncelle une grande quantité de fautes contre le goût et la bonne économie artistique..... Tout est excessif, audacieux mais extrêmement désagréable. Là il ne faut chercher nulle part la beauté de la forme, nulle part le courant majestueusement paisible, à la sûre ondulation duquel on aimerait à confier son espoir. »

« toute musique. Quant à la voix humaine, il lui ôte du premier coup « sa fière indépendance, son allure hardie, ses élans vers le ciel et la « soumet à la domination de l'orchestre....

« Qu'on nous dise à présent quels moyens ont manqué à M. Berlioz « de se produire, quelle porte est demeurée close à la sollicitation per- « sévérante du marteau d'airain de sa musique. M. Berlioz a traversé « déjà la Salle des concerts qui suffit à Beethoven, l'église qui suffit à « Sébastien Bach, le théâtre qui suffit à Rossini: si M. Berlioz n'est encore « ni Sébastien Bach, ni Beethoven, ni Rossini, à qui s'en prendre? Est « ce la faute de l'indifférence dédaigneuse du public? Non certes; de « son mauvais goût peut-être, peut-être bien aussi du mauvais goût de « M. Berlioz. »

Dans cette période nous avons à signaler la mort du célèbre ténor Andrea Nozzari (1778-1833). Rossini a écrit pour lui les rôles de l'*Otello*, *Ricciardo e Zoraide*, *Mosè*, *Donna del Lago*, *Armida*, *Ermione et Zelmira.*

C'est à lui que revient le mot qu'on a depuis prêté à plusieurs artistes, ou que ces artistes se sont approprié: *Voglio abbandonare il teatro prima che il teatro non m' abbandoni.*

Mentionnons aussi avec la mort du ténor Pellegrini (1780-1832) Professeur de chant au Conservatoire de Paris, et surtout celle de Garcia, le grand artiste qui créa le rôle de Norfolk dans l'*Elisabetta* et celui d'Almaviva dans le *Barbiere.*

Garcia eut une voix phénoménale: un de ses collègues, David, interrogé sur l'étendue de cette organe merveilleux voix, montra à son interlocuteur tout bonnement un piano et *Ecco la sua voce,* lui répondit-il.

Emanuele Garcia eut trois enfants, la célèbre Maria Malibran, Pauline Viardot et Manuele Garcia qui épousa M.lle Eugenie Mayer: toute une famille de grands musiciens et de vaillants artistes!

Ainsi qu'on l'a vu dans cette correspondance, Maria Malibran a chanté à Naples en 1832 la *Cenerentola*, la *Gazza Ladra* et l'*Otello*. En 1833 elle eut les 14, 15, 19 et 23 Novembre des représentations de l'*Otello*, *Tancredi*, *Gazza ladra* et de la *Prova d'un opera seria:* le 30 Novembre elle chanta avec Lablache et Davide dans un opéra écrit pour elle par Pacini *Irene di Messina:* le 14 Décembre elle aborda le rôle de *Semiramide,* dont elle donna plusieurs représentations. En Février 1834 elle se fit entendre avec Lablache et David dans le *Matrimonio segreto* de Cimarosa et dans la *Sonnambula* : enfin en mars dans la *Norma* où elle eut un succès extraordinaire.

Les journaux de Naples étaient dans le délire : « I napolitani che « sono, diceva M.me de Staël, i musici della natura, erano fatti per sentire « tutta la grandezza del suo genio proteiforme. Al suo arrivo in questa « metropoli, la Malibran vi trovò non pochi antagonisti, alla sua partenza « non vi lasciò che ammiratori frenetici. »

La célèbre cantatrice revint le 1er novembre 1834 à Naples où elle retrouva son flot d'admirateurs. Elle chanta au Fondo et à San Carlo la *Sonnambula* (le 11, 23 et 27 Novembre), *Tancredi*, *Turco in Italia*, *Norma* (Décembre) et *Amelia*, opera de Lauro Rossi (Janvier 1835) qui n'eut pas de succès et quitta définitivement Naples en mars 1835 en emportant les rôles du *Colonello* de Ricci de *Maria Stuarda* de Donizetti et de l'*Ines de Castro* de Persiani, rôles dont elle raffolait et qu'effectivement elle joua la même année à Lucca (Août) Milan et à Londres.

Dans le chapitre suivant on verra, par une lettre de Bériot, le fanatisme qu'elle excita (Avril 1835) à Venise dans l'*Otello*. « Il clamore degli applausi levatisi al primo mostrarsi della Malibran e continuati fino al termine dell'opera non ebbe nè limiti, nè misura. Le mani fecero a gara colla voce, e i piedi colla voce e con le mani. »

Malgré son refus d'écrire en 1834 pour San Carlo, Meyerbeer est resté toute sa vie un grand admirateur de la musique italienne. « Plût au ciel, disait-il souvent, que mes opéras puissent survivre à l'époque présente et arriver à la postérité aussi sûrement que le feront la *Sonnambula* et la *Lucia !* ».

On sait aussi la persistance qu'il mettait à signer son nom en italien ; au bas de ses lettres et de ses partitions on trouve toujours inaltérablement *Giacomo Meyerbeer !*

Une lettre de lui qu'on connaît fort peu, nous la trouvons dans l'intéressant livre que M.me Branca a tout récemment consacré à la mémoire de son mari, le célèbre poète Romani ; nous en détachons le paragraphe suivant :

Parigi 10 giugno 1852

A Felice Romani

..... « Sarei felice se noi potessimo intenderci per creare un nuovo « poema insieme prima di finire la carriera. Brucio dal desiderio di « scrivere di nuovo della musica italiana sui tuoi sublimi versi sì ripieni « di armonia e di farla eseguire sopra un teatro italiano......

Giacomo Meyerbeer

Sur l'éminent F. Florimo, dont le nom revient sans cesse dans ces lettres, nous nous bornons à transcrire ce qui se trouve dans la *Biographie universelle des musiciens* de Fétis, complétée dans *le Supplément* par les recherches précieuses et intelligentes de M. Arthur Pougin qui, par cette publication surtout, s'est acquis un grand nom dans l'histoire musicale de ce siècle :

« Francesco Florimo, archiviste du Conservatoire de Naples, est, « sous divers rapports, l'un des artistes les plus méritants de l'Italie « contemporaine. Passionné d'une part pour l'établissement où il a été « élevé et qu'il n'a pour ainsi dire jamais quitté, de l'autre pour le « dépôt dont la garde et la direction lui sont confiées, il a passé plusieurs « années de sa vie à écrire l'histoire du premier, et ne cesse de mul- « tiplier les efforts pour rendre le second l'un des plus importants et « des plus précieux de l'Europe musicale. Depuis qu'il est à la tête de « la bibliothèque du Conservatoire de Naples, M. Florimo l'a enrichie « d'une façon incomparable, ne redoutant aucun effort, ne négligeant « aucune démarche, ne se laissant rebuter par aucun refus et ne passant « pas un jour sans avoir à se louer de son activité. C'est ainsi que la « bibliothèque lui est redevable d'une foule d'ouvrages importants, « d'une merveilleuse collection d'autographes, de manuscrits........ « de portraits etc..... ».

Florimo a publié un livre très important *Cenno storico sulla scuola musicale di Napoli*, plusieurs brochures, entr'autres *R. Wagner ed i wagneristi*, un ouvrage très complet sur la *Vita e epistolario* di Bellini dont il était grand ami et confident intime. Comme compositeur, on lui doit plus de 80 morceaux de chant en italien et napolitain publiés en six recueils par Girard & C.ie de Naples et Ricordi de Milan. En 1849, grâce à ses soins, parurent, avec un nouvel accompagnement et une traduction de A. de Lauzières, sous le titre de *Napoletane*, les célèbres chansons des *Passatempi Musicali* composées en grande partie de 1826 à 1847 par Guillaume Cottrau, entr'autres *Fenesta vascia, La festa di Piedigrotta, Michelemmà, Aje tradetore.*

Actuellement Florimo continue, avec ses fonctions d'archiviste, ses savantes recherches artistiques et y déploie une activité vraiment juvénile: il est ce qu'on appelle en italien *un vero benemerito dell'arte musicale.*

II.

Lucia di Lammermoor — Causerie intime — Mort de Bellini; en son honneur Donizetti doit composer une Cantate et une Messe — Extrait de lettres de Bellini et de Federico et Luigi Ricci — En ce temps là les compositeurs annonçaient naïvement l'insuccès de leurs opéras: Ricci est adorable de sincérité! — Départ pour Paris de Duprez, de Bénédict et de P. A. Fiorentino — Donizetti décoré en France — Deux bijoux, *Il campanello* et la *Betly* — Album *Nuits d'été à Pausilippe* — Phénomène produit par la musique de la *Lucia* sur un enfant de trois ans — À Paris on joue au Théâtre Italien une *Lucia* instrumentée à faux et on grave les chansons des *Passatempi musicali* sans la permission de leur auteur — Bénédict — La Persiani — Tacchinardi — La musique rend tout hormis la bassesse, a dit M.me de Staël — Maladie de la Reine Hortense.

Naples 24 Septembre 1835

Après demain on va donner à S.t Charles le nouvel opéra de Donizetti *Lucia di Lammermoor;* les répétitions promettent un très grand succès. La musique m'en parait supérieure même à l'*Anna Bolena,* à la *Parisina* et à la *Maria Stuarda:* le finale du 2.e acte et l'air du ténor au 3.e sont magnifiques, saisissants, splendides!.

Jamais Donizetti n'a été mieux secondé par l'inspiration! (1).

Le poème, qui est tiré du roman de Walter Scott, est très intéressant et aussi bien écrit qu'aucun de Romani, à mon gré, par Salvatore Cammarano, le fils du peintre, acteur, dilettante et peintre lui-même.

Cammarano est aussi l'auteur de l'*Ines de Castro,* opéra de Persiani où il y a vraiment de belles choses que la Malibran et Duprez ont admirablement fait ressortir. Cherche donc, l'occasion s'en présen-

(1) À cette époque Donizetti demeurait rue *Corsea* (la maison en face *strada Guantaj*). Il est donc très probable qu'une grande partie de la *Lucia* a été composée dans cette maison. — D'autre part la Villa Majo all'*Infrascata,* où Donizetti était en *villeggiatura* (voir page 33) revendique aussi cet honneur.

tant, de prôner cet ouvrage ainsi que le *Colonnello* de Ricci, très joli opéra bouffe, la *Maria Stuarda* de Donizetti, que nous venons de louer 2000 fr. à Milan, opéra déguisé par notre censure en *Buondelmonte* et enfin, et plus que tout, cette belle *Lucie de Lammermoor* qui irait à merveille à la Grisi, Rubini et Tamburini, à ce que m'assure Donizetti.

Es-tu capable de donner cette idée, d' en faire donner la nouvelle comme d'une chose certaine, dans quelque journal? J'en doute fort, sans douter toutefois de ton amitié: mais on me dit que ta flânerie et ton apathie n' ont fait que croître et embellir, et je suis plaisant de te parler de cela! (1).

CAUSERIE INTIME

30 Septembre 1835

Cher frère

Il n'est plus question du choléra; au lieu de faire des progrès vers le sud, il recule chaque jour et recule d'intensité dans les villes de Coni, Gênes et Livourne où il s' est déclaré. Les précautions sanitaires n' en sont pas moins excessives; un cordon maritime très rigoureux ferme les communications sans pitié avec tout le littoral depuis Barcellone jusqu' à Civitavecchia; nos troupes sont échelonnées sur la frontière et on ne laisse passer les voyageurs qu'a près une quarantaine de 14 jours sur la frontière de la Toscane et de 21 sur celle de Rome. Tout cela dans la supposition que le mal soit contagieux, ce que je ne crois guère; mais s' il est épidémique, on a grande confiance ici dans le Vésuve, dans la Solfatara..... et dans l'eau claire! Ce qui doit ensuite vous rassurer plus que tout cela, c' est que nous habitons un vrai hermitage qui domine tout Naples, n' est entouré que de jardins et est en excellent air. En voici assez là-dessus, j' espère.

Gustave a écrit à sa femme que tu es gras à lard et encore plus bel homme. Il paraissait enchanté de ton tableau. À présent que j'y pense, profite de son départ pour faire un cadeau qui fera grand plaisir à Jenny...... Ce sont les dames Lindsay qui lui ont fait venir

(1) Manquent les feuillets rendant compte de la 1.ère représentation de la *Lucia de Lammermoor* ainsi que de celle du *Roberto Devereux* le 28 Octobre 1837.

cette envie ,qui ne sera jamais celle de femme enceinte, je l'espère bien, car j'en ai assez, je te le garantis, de mes cinq *vauriens*, dont je trouverais pourtant bien vite à me défaire au surplus, car ils font l'admiration de tout le monde et font arrêter les passants, soit dit entre nous, moins encore par leur beauté que par leur gentillesse et leur air de bonheur et de santé! Et dire que tu n'as pu les embrasser, cher Félix! Cela me fouette le sang. Ce sera donc à notre montagne vivante à faire le miracle de Mahomet. Ce n'est pas une plaisanterie, je te l'assure, et j'y pense bien souvent entre chien et loup. Mais pour *trinqueballer* de la sorte notre petit ménage, il faudrait tant d'argent et, si j'en avais de côté, il serait bien plus sage de songer à l'avenir de ces pauvres petits êtres qui n'ont pas de gros héritages en perspective...... si ce n'est le tien!

Tiens, ce sujet est si triste que je n'en puis pas même plaisanter. N'était pourtant cette horrible pensée d'avenir qui m'assiège et si je pouvais me retrancher dans le présent comme toi, qui n'y as pas du reste grand mérite, je m'y trouverais l'homme heureux par excellence au sein de ma petite famille, si unie, si aimante, si modérée dans ses désirs et même par ma position sociale; admire un peu ma résignation. Ah! que ne sommes nous réunis pour jouir tous ensemble ces vrais bienfaits de la Providence et oublier les chagrins passés!

À propos de chagrins j'en ai un assez vif depuis plus d'un mois, la maladie bien sérieuse de mon associé, l'excellent Bernard Girard, que je ne pourrai jamais remplacer par tant de qualités rares qui me donnaient en lui une confiance illimitée.

..... Tu ne saurais croire quel surcroît d'embarras cela me donne, car, sans traiter avec le public, c'est moi qui dois tout diriger et je m'étonne moi-même de ce dont je suis capable, restant à écrire, corriger des épreuves, arranger pour piano, composer souvent, faire les comptes etc. etc. jusqu'à 2 ou 3 heures du matin pour me lever à sept et courir comme un chat maigre. Heureusement ma santé ne s'en ressent aucunement, au contraire peut-être. Tu ne te douterais pas sans doute de tout cela en me voyant tailler des bavettes comme cela avec toi, cher frère; mais c'est, vois-tu, j'en ai fait l'expérience LORSQU'ON EST LE PLUS OCCUPÉ QU'ON TROUVE DU TEMS POUR TOUT.

Fais-moi le plaisir de faire jeter l'incluse à la petite poste pour P..... auquel je ne suis pas fâché de donner une leçon en lui épargnant un port de lettre, tandis qu' il m' en accable lui pour me faire des doléances sur l' *ingratitude du siècle à son égard.* Croirais-tu qu' il vient de m' envoyer une procuration pour veiller à la succession de sa femme qu' il ne doute pas avoir été une des *premières* victimes du choléra!

Ce qu' il y a de plus plaisant, c'est qu' il m' indique un remède pour me garantir du fléau *s' il en est temps.*

Que dis-tu de la dubitation?

Mille choses affectueuses à Bouchot dont je lis des merveilles et à tous les amis qui se souviennent de moi.

15 Octobre 1835

Je viens de faire en peu de jours deux pertes bien cruelles, celle de Bellini auquel tu sais que j'étais si attaché et celle du pauvre Bernard Girard, mon excellent associé, dans lequel j'avais une confiance illimitée et dont la mort me plonge dans les plus grands embarras.

Cher frère, il n'y a absolument qu'une chose qui me choque en toi (les opinions politiques à part) et j'aurai le courage de te le dire: c' est cette étrange manie de te singulariser par ta toilette. Si tu n'étais pas un superbe homme, ce ne serait qu'un léger ridicule, mais en toi, cela peut te faire accuser de fatuité et je ne conçois pas qu'avec ton bon sens tu puisses donner prise à un tel soupçon. — Autres défauts auxquels je ne voudrais pas que tu te laissasses aller à la dérive, ce sont ton extrême nonchalance, et tes habitudes asiatiques. Que dis-tu de ce sermon? Il est décidé que tu ne peux en esquiver un chaque fois que je t'écris. Heureusement qu'à cette distance et transmis par lettre, ils ne te mettent pas probablement dans ces accès de fureur, si toutefois tu y es encore sujet, ce qui ne me paraît guère conciliable avec ton caractère indolent. Mais aussi pourquoi te parler d'indolence au moment où tu fais des prodiges de travail, à ce que m'écrit Bénédict? J'espère que tu le vois souvent; c'est un *excellentissime* ami, plein de talent, de goût et d'esprit même sous une écorce peu prévenante. Dis-lui que je compte bien lui écrire par le prochain courrier, pour lui parler en détail du grand succès de la *Lucia di*

Lammermoor de Donizetti dont je te recommande le finale du 2e acte et l'air du ténor que tu trouveras chez B. Latte.

Pourquoi Bénédict ne s'entendrait-il pas avec Latte pour quelques mélanges, variations sur cet opéra?

Ici il n'est question que des honneurs funèbres à rendre à ce pauvre Bellini.

Donizetti doit composer une cantate à l'Académie Philarmonique et une Messe au Conservatoire.

Dis à Bénédict qu'il ne m'oublie pas pour des nouveautés de piano et surtout pour des siennes; mais que nos pianistes ne sont pas encore à la hauteur de Chopin. Il faudra dix ans pour cela.

Adieu, cher frère, je t'etouffe dans mes bras.... à ta manière après une longue absence.... tu sais... Ah! quand cela sera-t-il pour tout de bon!

Venise 1835

À M. Guillaume Cottrau

..... Je n'ai plus besoin de vous annoncer l'heureuse issue de notre grande affaire à Paris, tous les journaux vous l'auront appris; Mariette (1), en apprenant cette nouvelle a manqué, de se trouver mal.

..... Mariette a fait hier soir son début dans l'*Otello*... Succès immense! la première Cavatine répétée-puis l'enthousiasme a été toujours en augmentant jusqu'à la fin du 3e acte, après lequel elle a été rappelée plus de 10 fois. Le public Vénitien a montré un tact et une intelligence parfaite dans les moindres détails....

Ch. de Beriot

Milano 5 Agosto 1835

Caro Cottrau

..... Luigi, con la sua opera, bisogna che vada assolutamente il giorno 16 del corrente ed ancora ci è da fare molta roba. L' argo-

(1) Mariette Malibran est engagée au Théâtre Italien à Paris.

mento che poi ha scelto per la Scala, e che il poeta o parolajo Rossi gli ha trattato, è *Chiara di Montalba in Francia*, cioè l' antefatto di quell' altra *Chiara*. Ieri si sono incominciate le prove.

Riguardo a quanto mi dici del *Colonnello*, a me pare che l'adagio dell' *Eran due ed or son tre* sia diverso affatto; ma se tu vuoi, lo cambieremo e te ne faremo uno nuovo. Non te lo mandiamo per la posta, ma se si darà alla Scala con la Malibran, ci faremo tutti quegli accomodi che tu desideri, come pure se prima dai il *Colonnello* in qualche altro teatro, pratticheremo lo stesso.

A proposito, la Malibran poi farà il *Colonnello*, a Milano, si o no? Sono persuaso che se fosse per fare un piacere a noi, ella ne farebbe a meno: trattandosi di poter rendere un servizio a te, chi sa che non la farà? Perciò, se non t' incomoda, scrivile a Lucca in proposito...

Il tuo aff.^{mo}
FEDERICO RICCI

Milano 17 Agosto 1835

Caro Cottrau

Ecco che ti scrivo ancora. Tu dirai che la posta costa caro, ma abbi pazienza, chè sono costretto a farlo, non avendo costà altro protettore ed amico che te.

Prima di tutto ti dò le nuove dell' esito della mia nuova opera *Chiara di Montalbano* andata in iscena il 15 del corrente alla Scala, che ha fatto un *fiasco deciso*, nonostante ci fosse il largo del finale applaudito assai e qualche altro brano qua e là. La caduta dell'opera è stata solenne ed in tutte le forme (1). Se volessi darti delle ragioni, ti direi delle corbellerie; dunque è meglio che la colpa me la prenda tutto addosso di me. Spero che questo mi sia di preludio ad un prossimo successo ed il Cielo voglia che possa essere in Napoli.

(1) Il est bon de remarquer qu'à cette époque les compositeurs ne cachaient pas *le fiasco* de leurs opéras. Ricci est admirable de sincérité! Quelle difference avec les maîtres actuels! ceux-ci n' ont eu dans leur carrière théâtrale que des succès, toujours des succès.

Veniamo a noi. Ci deve essere dell'imbroglio.... Insomma, essendo tu il mio amico e protettore, a te mi raccomando di maneggiare quest' affare con politica e di farmi riuscire nella cosa come tu meglio potrai.

Io preferirei di scrivere del tutto *buffo:* non potendo fare altrimenti, scriverò *semiserio.* Dunque mi rimetto a te, datti del moto e fa qualche sacrifizio di tempo per me.

Il tuo aff.mo
LUIGI RICCI

Milano 6 Giugno 1836

Caro Cottrau

Finalmente vittoria!! L'opera è andata in iscena ed ha avuto un esito buonissimo, malgrado tutte le contrarietà che vò a dirti.....

La Malibran l'altro ieri è passata da qui per andare a Lucca. Siccome si è trattenuta poche ore, noi non l'abbiamo vista. Se ella è di parola, farà il *Colonnello* quando verrà questo Settembre.

Su quanto mi dici di Ferretti, io ne sono persuasissimo; ma come fare a trovar meglio? e poi avendo Luigi dato a lui parola di farlo scrivere, non potrebbe in alcun modo tirarsi indietro. Quello che ti raccomando è di sceglier presto quest' argomento e di metterti in carteggio con lui acciò Luigi possa avere subito poesia per poi non trovarsi alle strette.....

Ti piacerebbero mai *Le Nozze di Figaro* per Napoli?

Il tuo aff.mo
FEDERICO RICCI

Dans le livre publié tout récemment par le digne et vénérable Comm.r F. Florimo, *Bellini, Memorie e lettere,* nous trouvons que le nom de Guillaume Cottrau figure 54 fois dans le lettres du grand compositeur.

En 1828 (pages 303, 338 et 353) Bellini écrivait à son ami Florimo :

Ringrazia molto Cottrau pel favore che acconsenti di farmi.

Di a Cottrau che domandi alla posta e troverà per lui la grande scena della *Bianca e Gernando*... Mi è costata fatica in poche ore copiarla ed è cosa che non potrò fare altre volte; ma per dimostrargli la mia gratitudine, mi son fatto forte nella fatica.

Un de ses confrères, un *maestrucolo qualunque*, bouffi de prétention et de fausse érudition, l'avait attaqué. Bellini chargea Guillaume Cottrau de remettre à sa place le censeur libelliste :

Qui acclusa è una lettera per Cottrau. Ho scelto Cottrau piuttosto che un altro, perchè ha eloquenza, ha delle conoscenze e non si compromette con nessuno. A questa mia lettera chiuderanno tutti la bocca con le loro pedanterie e s'immergeranno di bel nuovo nell'eterno silenzio, ove debbono reprimere la loro rabbia velenosa pei progressi degli altri.... Si sappia da tutta Napoli la imbecillità di cotesto saccente maestro di quinte ed ottave... Cottrau ha abbastanza spirito da dirglielo in faccia.

Saluta Cottrau e ringrazialo per la cura che ha sempre di darmi dei pareri a me utili.

Les lettres que Bellini a adressées à Florimo en 1834 ne sont pas moins courtoises et flatteuses (pag. 426, 450, 453, 456, 460, 474 e 487) :

Raccomanda a Cottrau che faccia cantare alla Malibran il *Pirata*.

Non far vedere questa lettera che al *solo* Cottrau.

Sono addoloratissimo per le tante cure da te spese e dal nostro affettuoso Cottrau per le scritture di San Carlo, ma che fare? Il destino vuole che io per ora non scriva pel mio paese.

Tante cose al caro Cottrau; è da un secolo che non vedo sua sorella; ma ritornando a Parigi, mi metterò in regola.

Ti manderò dei libretti che nel segreto farai leggere a Cottrau... sono tutti interessanti: se la revisione non sarà meticolosa pel *Gustavo III*, è un magnifico soggetto, come pure *Un duel sous Richelieu* (1).

(1) Le *Gustavo III* est le *Ballo in Maschera* mis en musique par Verdi et le *Duel sous Richelieu* est le même sujet de la *Maria de Rohan* de Donizetti.

L'opera è chiara, non intrigata e poi tutta poggiata a quella diavoletta della Malibran che dalla sera alla mattina impara un opera intera... E che dirà di questa mia musica il nostro caro Cottrau?

Naples 7 Janvier 1836

P. A. Fiorentino (1), l'auteur des *Novelle*, part ce matin pour Paris où il veut tenter fortune. Je ne te l'ai pas adressé parce qu'entre nous sa conduite n'est pas absolument à l'abri de la critique. C'est bien dommage, car il est énormément rempli de talent.

16 Janvier

Je t' écris au bruit du canon pour les couches de la Reine.— Francesco Carlo Maria Filomena sera, il faut le croire, dans trente ou même cinquante ans d'ici le roi de mes enfants.

Le Prince Charles, frère ainé du Roi, s'est enfui avec une demoiselle Anglaise, Miss Smith, il y a quatre jours: le roi avait refusé le consentement au mariage.

11 Mars

Duprez, le célèbre ténor, auquel me lie depuis près de deux ans une vive amitié, part ce matin pour Paris, et comme le bateau à vapeur va directement à Marseille en 52 heures, cette lettre, jetée à la poste de cette dernière ville, pourrait t'arriver en moins de six jours. Ce sera la première fois que cette distance aura été franchie en aussi peu de temps. Il ne nous manque plus qu'une route en fer pour l'abréger encore. — Tu conçois si cette idée me sourit !!

Donizetti a eu la croix de la Légion d'honneur, sais-tu! et je viens d' écrire en son nom une lettre de remerciments à M. Thiers. Demain à 7 heures je dois me trouver chez le maestro pour aller ensemble au Vésuve.

Si Duprez vient te voir reçois-le comme un excellent ami et comme un brave et digne artiste. Je n'en ai jamais connu de plus estimable et d'un commerce plus agréable.

(1) P. A. Fiorentino s'est acquis effectivement une grande célèbrité à Paris par ses feuilletons au *Constitutionnel* et par ses pubblications musicales sur la *Revue des deux mondes*.

Naples 4 Juin 1836

Je t'envoie deux duos d'un charmant opéra-comique de Donizetti *Il Campanello* qu'on vient de donner ici avec un succès inoui le 1.er courant. Le sujet est tiré d'un vaudeville très drôle *La sonnette denuit* que m'a envoyé Bénédict et que j'ai proposé à notre compositeur. La musique en est délicieuse à mon avis, qui ne sera pas sans doute le vôtre, vous qui ne raffolez guère de Donizetti à ce que je vois et vous êtes laissées gagner par le goût entortillé, recherché, prétentieux du pays, puisque vous aimez tant..... qui est souvent une énigme pour moi (je ne conteste pas son originalité) et préférez de œuvres françaises à la *Sonnambula* et sans doute à *Lucia*. — Quoiqu'il en soit, je viens d'acheter la propriéte du *Campanello* et je t'envoie une lettre de Donizetti avec l'adresse en blanc pour la cession de la gravure pour la France.

Barbaja vient de reprendre les théâtres, *San Carlo* et *Fondo*, pour quatre ans avec l'aide d'actionnaires.

A propos as-tu lu les Mémoires de la Marquise de Créquy? C'est ma lecture depuis un mois et dimanche j'ai fondu en larmes comme une Madeleine, dans un coin du jardin, en lisant l'aventure de M.me de S.t Paer, femme secrète du Prince de Lamballe (4e volume vers la fin). Procure-toi ces mémoires qui sont charmants.

Donizetti compose en ce moment la *Pia dei Tolomei:* il sera joué au théâtre de la *Fenice* de Venise vers la fin de Janvier. Il sera chanté par la Tacchinardi. J'ai acheté d'avance la propriété de cet ouvrage et je voudrais en traiter d'avance........ Je pourrais aussi disposer de six ariettes et six petits duos *per camera* que Donizetti a composés à la Villa Majo et qui sont dans le genre de *Soirées Musicales* de Rossini (1).

---

(1) C'est le charmant recueil, *Nuits d'été à Pausilippe.*

PHÉNOMÈNE MUSICAL À TROIS ANS

Naples 25 Juillet 1836

J'aurais bien voulu éloigner de moi ce calice et ajourner le triste devoir que j'ai à remplir ; mais autant que je puis rassembler mes souvenirs, je ne t'ai pas ecrit depuis plus d'un mois et je vois par ta lettre da 5 que tu avais déjà pris l'alarme au sujet de cette chûte du pauvre ange que nous venons de perdre. Or, puisqu'il faut que tôt ou tard vous sachiez notre malheur, je ne veux pas vous exposer à en recevoir la nouvelle sans y être préparées et sans ces détails qu'on éprouve toujours une triste douceur à connaître.

..... Nous ne rentrâmes ce soir-là qu'après minuit et, à la demande habituelle de Jenny sur la santé des enfans, la bonne répondit, en ouvrant la porte, qu'Alfred avait un peu de fièvre. En effet sa tête était brûlante: aussi l'enlevâmes-nous de son petit lit pour le porter dans le nôtre afin de le mieux surveiller. Il était une heure et demie, sa mère s'était endormie et je n'avais pas encore éteint ma lampe, lorsque j'entendis le malheureux enfant fredonner d'abord et ensuite entonner, avec une justesse extraordinaire et une force toujours croissante, la cabaletta du duo de *Lucia di Lammermoor:*

Verranno a te sull'aura
I miei sospiri ardenti
Udrai nel mar che mormora
L'eco de'miei lamenti.

Surpris au possible, je m'étais soulevé pour le regarder, lorsqu' aux dernières paroles, il pousse un gros soupir, ses yeux se renversent et une convulsion des plus fortes se déclare. Je le prends dans mes bras, sa mère effrayée fait appeler un saigneur.

Au bout de quelques minutes on lui avait tiré quatre onces de sang. L'enfant se calme et comme c'était la troisième fois en sept mois que pareille chose arrivait sans suites facheuses, nous nous rassurons. La fièvre ne désemparait pas pourtant et même des mouvemens convulsifs, légers à la verité, se renouvelèrent le lendemain.

Plus de délire pourtant en apparence, ni de convulsions ; vers le soir nous nous réjouimes de ce que l'enfant sembla plus soulagé, il se mit à causer, à parler du cheval blanc que je devais lui acheter et sur lequel il voulait faire une promenade à Capodimonte avec ses frères dont il réglait l'ordre de marche. Tout à coup le pauvre enfant s' arrête en entendant sur notre piano dans la chambre voisine Félix qui essayait la fatale *cabaletta* de *Lucia*; il en suit le chant de la voix, un doux sourire de satisfaction animait sa physionomie colorée par la fivre. Un souvenir cruel me frappe tout-à-coup; je me rappelle les derniers momens de ce pauvre Enfantin (1) qui avaient été précédés des mêmes symptômes de transport pour la musique. Pourtant la nuit fut plus tranquille et le lendemain je fus réveillé à l'aube par le chant encore plus fort et plus juste qu'à l'ordinaire de *Lucia*, mais avec d'autres paroles qu' *Alfred* y avait adaptées; celles avec lesquelles sa mère avait coutume de l'endormir. *Alfredo caro, Alfredo bello fa la nonna con Mammarella!* Je saute à bas du lit, effrayé, mais il paraissait calme, me regardait en souriant et la fièvre semblait l'avoir abandonné pour la première fois depuis l'invasion de la maladie. Je le laissai donc chanter pendant près d'un quart d'heure au bout duquel il s'assoupit paisiblement. Je le quittai vers neuf heures pour vaquer à mes affaires, presque tranquillisé par cette crise que je croyais favorable et sans attendre le médecin. A mon retour la scène avait changé d'aspect. La fièvre avait repris avec plus de violence et la respiration était marquée par un gémissement douloureux interrompu de trois en trois minutes par un assoupissement de durée égale. Les yeux à demi fermés étaient renversés de manière à ne laisser guère voir que le blanc et commençaient déjà à se vitrifier. Le pauvre Alfred ne répondait plus à personne et n'avait plus gardé de sens que pour refuser, par la contraction de la bouche et le remuement de la tête, tous les remèdes qu'on était obligé da lui faire avaler de force.

Le mal ne fit qu'empirer pendant soixante heures au bout desquelles mon pauvre enfant a rendu le dernier soupir entre mes bras, hier 24 à trois heures du matin... Faut-il que je te parle de la douleur de Jenny que ses parens ont dû arracher du lit de mort trois heures avant la catastrophe pour l'emmener chez eux? Les expressions me manquent; ton cœur et celui de notre pauvre Niobé (2) y suppléeront.

Hier soir on a enlevé le cadavre qu' on n' enterrera pourtant, à ma recommandation, que plus tard, dans la *terre Sainte* d'une con-

(1) Enfantin, le S.t Simoniste très connu.

(2) Sa sœur avait perdu tous ses enfants.

grégation à S.ta Maria degli Angeli. Ma triste tâche est remplie; je m'étonne pourtant d'y avoir éprouvé une certaine douceur. Aussitôt que la douleur de Jenny, qui est moins violente et expansive que profonde et durable, le lui permettra, elle t'écrira et te donnera de nouveaux détails. Adieu — Je vous arrose tous les trois de mes larmes.

Nous t'envoyons une touffe de ses cheveux. Qu'il était beau ce cher enfant! Le ciel a voulu nous punir du sentiment d'orgueil qu'il nous inspirait.

11 Octobre 1836

Launer (1) a eu l'idée d'acheter les morceaux de la *Bétly* et a l'intention de faire jouer cet opéra aux Italiens. Comme je suis propriétaire de la partition et qu'un succès à Paris la mettrait en vogue, tu conçois si ce projet me sourit. Bétly n'a que trois rôles, soprano (la Toldi) ténor (Salvi) basse (Fioravanti). La Grisi pourrait se charger du premier, Ivanoff du second qui lui irait à merveille, car c'est une espèce de niais et il y a de belles mises de voix sans roulades, de sorte que probablement Rubini le refuserait. Le troisième rôle a été sacrifié ici par Fioravanti qui n'a plus de voix et a dû changer la cavatine dès la 2de représentation, mais il est très bon comme jeu. C'est même le meilleur des trois: et l'opéra ferait fiasco à Paris s'il n'était pas joué par Lablache. C'est donc pour que tu en parles avec chaleur à cet excellent artiste si peu attaché, si au dessus des *convenienze teatrali*, que je t'écris. Tu pourrais lui dire qu'outre la cavatine que Donizetti changerait au besoin et le duo avec le ténor, il en a un autre avec le soprano dans la meilleure situation de l'ouvrage, mais que je n'ai pas gravé, d'abord parce qu'il est trop entrelardé de chœurs et puis parce que je n'ai pas voulu livrer tout l'ouvrage aux contrefacteurs de partitions qui n'auraient pas manqué de l'instrumenter comme ils ont fait avec *Norma*, *Parisina*, *I Puritani* etc. — Emploies donc les plus vives instances pour le déterminer et aussi pour qu'il mette *una buona parola* en faveur du choix de cet opéra.

Quoique le papier me manque je veux te dire une autre chose essentielle. — *Bétly* n'est que le pendant du *Campanello*, charmante *farsa* à pouffer de rire d'un bout à l'autre. Je voudrais qu'on donnait

(1) Launer, éditeur de musique à Paris.

ces deux pièces ensemble. Quant à la seconde, elle est taillée à ravir pour Lablache et pour Tamburini et il suffit de les engager à regarder les morceaux pour les en convaincre. Lablache dans le rôle de l'apothicaire, si malencontreux la 1re nuit de ses noces, ferait rire les pierres. Le rôle du mezzo-soprano (M.lle Schoutz) pourrait se donner à M.lle Assandri; elle n'a qu'un duo et le finaletto auquel on pourrait du reste coudre une cabaletta. Je me recommande à Lablache pour mettre cette affaire en bon train.

20 Octobre 1836

Je ne te ferai pas de la sensiblerie à l'occasion de la mort de M.me Malibran. La nouvelle de sa maladie m'y avait préparé et puis *entre nous* j'en étais bien revenue sur le compte de cette *femme sans cœur* que j'avais eu le loisir d'étudier.

Pour te parler de quelque chose de plus gai, je t'annoncerai le succès complet et de bon aloi de Frédéric Lablache dans un charmant petit opéra *Un anno ed un giorno,* composé exprès pour lui par Bénédict et qui a été donné hier soir au Fondo. Bénédict compte s'embarquer le 5 novembre pour Marseille.

9 Novembre

Je t'envoie la copie que je viens de faire faire de 18 airs Napolitains composés par moi (à l'exception des n.o 3 et 12) et que je voudrais publier cet hiver avec 5 ou 6 autres qui ne sont pas encore prêts. Si vous trouvez que ces airs ne sont pas indignes de leurs aînés, Bouchot et Félix devraient y faire faire quelques lithographies et on pourrait les publier à Paris et à Londres en guise d'album, soit pour mon compte, soit en les cédant à quelque éditeur. J'attends votre avis là-dessus.

Parlez-en avec Bénédict, qui connaît ces chansons et qui même m'a encouragé à les publier. J'en ai encore d'autres en portefeuille, et neuf sur des *cris populaires* dont Ricci m'a fait cadeau; elles sont d'une originalité bizarre.

21 Janvier 1837

Je t'envoie cette lettre par l'entremise de Donizetti qui part aujourd' hui.

Tout-à-fait entre nous, le jeune Frédéric Lablache a complètement échoué dans les *Puritani* qui ont fait ici un *fiasco tremendo.*

On a trouvé que la musique n'est pas à la hauteur de la *Sonnambula* et de la *Norma;* mais ce jugement sera peut-être modifié aux représentations successives. — En tous cas l' exécution a été très défectueuse.

14 Avril

Je t'ai adressé sous bande les arrangemens soigneusement revus par Donizetti de ce qui manque pour compléter la partition entière avec accompagnement de piano de la *Lucia.*

30 Avril

La *Pia dei Tolomei* n'a eu à Venise qu'un très médiocre succès. Je puis vous assurer tout de même que plusieurs morceaux, entre autres l'air final, ne sont pas indignes de la main de l'auteur. Donizetti a composé une partie de cet ouvrage à la Villa Majo.

Je suis dans des transes pour cette pauvre Duchesse de S.t Leu. L'opération a-t-elle eu lieu? Impossible d' en apprendre le résultat. Ce pauvre Félix!

6 Mai

Nous savions les affreuses nouvelles du lac de Constance. Je te laisse penser combien elles nous désolent! Pauvre Félix! Comme je partage sa douleur!

.... Ces messieurs du Théâtre Italien s' ils vont à Milan, ils seront probablement circonvenus par des des agens de théâtre et entr' autres par un certain..... vrai fripon, qui a trouvé, à ce qu' il paraît, le moyen de contrefaire la *Lucia* qu'il offre presque pour rien. Il est bien vrai que Donizetti, indigné de tant d'impudence, a écrit dans le temps à ces Messieurs de se tenir sur leurs gardes et de ne prendre que de B. Girard la partition de la *Lucia;* mais ces Messieurs auront-il égard à cet avis, s'ils trouvent à économiser quelques centaines de francs ?

Si Duprez, auquel Donizetti écrit, te demande la partition de la *Lucia,* tu peux la lui donner. Je lui écrirai incessamment pour l'engager à faire traduire cet ouvrage pour le Grand Opéra.

17 Juin 1837

Pour vendre *Bétly* à Paris, il faut attendre que cet opéra ait été remonté en deux actes, ce qui aura lieu dans un ou deux mois, j'espére.

Ai signori B. Girard & C.i a Napoli

Somma Vesuviana 15 Luglio

Mandatemi qualche altro pezzo a ridurre della *Rosmonda* che Donizetti mi scrive aver tutta consegnata, tranne l'aria finale. Dite scherzando a quest'ultimo che seguirò il suo consiglio per l'acqua acidola che m'indica, sperando che quando ci rivedremo egli troverà che mi abbia giovata. Mi spiace però di non potergli dare pan per focaccia, mentre non conosco acque minerali contro la *lopa* (faim de loup).

Che il copista non faccia per S. Carlo altre parti della *Lucrezia,* se prima non se la intende con Donizetti che deve cambiare molte parole a causa della revisione.

. . . . Luglio

Amico caro

Lo mostro colerico va in consunzione. Jersera 80 morti.

Io lo spero presto finito per riabbracciarti.

Il *Diluvio* te lo darò come fu rifatto (non farne parola) e credo non lo troverai indegno di me, chè in Genova piacque.

Mi hai sollecitato col metter la coda all' Asioli?

Perchè no? — Lascia ch' io finisca l' opera, chè poco manca e ne terremo discorso e discorso concreto. — Quanto alle fughe, fui dall' autor pregato. — Tu non hai mal pensato e Cristo sia benedetto.

Scrivo bernesco, ma l'anima è seria, che D.ª Virginia (1) è stata male assai, ora va meglio.....

Cesso, perchè Barbaja (2) presente mi stuzzica e tu sai che vuole. Mille cose alla metà e scrivi tu pure al tuo

DONIZETTI

La parte d'Arturo, voglio ridurla meglio dallo spartito.

Federico Lablache parte. Vuole la lista delle *medicine* ed il brindisi nuovo (3). — Siccome lo spartito tu lo mandasti, così crederei con tale occasione spedire anco il libro in *tosco* ridotto Pistacchio — Ordina e subito

DONIZETTI

Napoli (senza data)

Caro Cottrau

Ti mando il ricevo della *Norma* (4). Riguardo allo spartito che mi dici di Fioravanti *Il cieco del diavolo*, ti fo sapere che non me lo trovo nel registro e nè so sotto quale impresa si rappresentò per ripeterlo. Sono, sempre, bene inutili le raccomandazioni per me, che sai come penso, ma bramerei vederti, per avere da te delle notizie all' oggetto.

Grazie per quanto fai per me — Addio.

Tuo aff.mo
G. DONIZETTI

(1) Virginia Vasselli, femme de Donizetti.

(2) Barbaja, l' *impresario* bien connu de *San Carlo*.

(3) On parle ici du *Campanello*, dont le rôle bouffe était en dialecte napolitain et que Donizetti traduisit en italien.

(4) Probablement à l'époque où ce billet a été écrit, Donizetti était *Maestro Direttore* au *Teatro Nuovo*.

Naples 8 Août 1837

Il n'est plus question du choléra, il est complètement fini à Naples.....

Je ferme cette lettre au sortir d' un dîner chez Donizetti dont c'est la fête (et demain la mienne, n'est-ce pas? 40 ans bon Dieu!)

Constance 10 Août
(Chateau de la Reine Hortense)

à M. Cottrau à Naples

...... J'ai remis votre lettre a M.r Félix. J' espère qu' il vous répondra. Je dis que je l'espère, car il est si absorbé entre les soins qu'il prodigue à la Reine et les travaux d'une maison qu'il fait restaurer pour elle que son temps me parait n'appartenir qu'à cela.

...... Imaginez-vous qu' on porte la Reine (1) dans un grand fauteuil, soit de chambre en chambre, soit au grand air et que M. Félix est l' un des deux porteurs.

Le Prince est enfin arrivé, nous sommes soulagés de le voir près de sa mère. A présent, du moins, il y a une volonté de maître dans la maison et, s'il arrivait un accident, elle serait là pour suffire à tout.

Mina L....

Naples 26 Août

Donizetti me compose de nouvelles *Nuits d' été:* Lina n' y sera pas oubliée, un morceau lui en sera dédié par l' auteur.

On va donner sous peu sa *Bétly* en deux actes; je vous en enverrai aussitôt les nouveaux morceaux.

Ce que tu me dis de Duprez ne m' étonne qu' à demi, car il pousse la reserve jusqu'à l'impolitesse, mais je le crois au fond excellent garçon, plein d'honneur, de justesse dans l'esprit, bon père, bon mari, bon ami, homme sûr.

(1) Le Reine mourut en Octobre.

31 Août 1837

Le Maestro Persiani, qui te remettra la présente, est non seulement un des compositeurs les plus distingués de l'Italie, mais c'est un excellent ami, du plus honorable caractère. Fais-lui le meilleur accueil et tâche de lui rendre service en le prônant lui et sa femme (1), délicieuse et étonnante chanteuse, d'un ton parfait, de mœurs irréprochables et douée d'un esprit vif et pénétrant. Elle est fille du célèbre Tacchinardi et est engagée comme Prima Donna aux Italiens.

14 Novembre

Donizetti a envoyé Samedi à Tamburini une nouvelle *cadenza* pour sa cavatine de *Lucia*. Il parait donc qu'on va monter cet ouvrage sans aucun égard pour nos réclamations?

Ah!... le cose quaggiù vanno in tal guisa
Che la più dritta è il Campanil di Pisa!

La traduction de mes airs napolitains par Nouguier le plait extrêmement. C'est un vrai tour de force. Il n'y a que la *Tarantella* qui me paraît déplacée.

Je suis de l' avis de M.me de Staël que la musique rend tout hormis la bassesse; j'ajouterai même l'épigramme, les jeux de mots, la pointe (2). Aussi le vaudeville m'est-il en horreur!

J'ai en tête de publier ici un *Album Napolitain*, dont il paraîtrait à Londres, Paris, Vienne, Milan et Naples un cahier tous les trois mois. Outre mes airs napolitains, j'y insérerais des ariettes, duos etc. de Donizetti, Mercadante, Ricci.

J' ai en portefeuille plusieurs manuscrits précieux et je suis à portée, mieux que qui que ce soit, d' en avoir d' autres.

(1) La Persiani-Tacchinardi, une des plus célèbres cantatrices de ce siècle.

(2) Nous avons changé tout cela!...

Le goût pour les opérettes est devenu prédominant en Europe et on en jure plus que par Offenbach et Hervé!

5 Janvier 1838

Il n'est bruit dans Naples depuis le premier de l'an que de la devanture du nouveau magasin B. Girard qui, dérobée pendant trois mois par un rideau, a enfin été découverte aux grands applaudissements du public émerveillé par la richesse et le bon goût de cette décoration dans le style égyptien. C'est superbe, au dire de tout le monde (1).

Suggérez donc à M.me Persiani de faire *Bétly:* elle est tout-à-fait dans ses cordes, dans ses moyens, avec Rubini ou même Ivanoff et Lablache. C'est un rôle délicieux écrit pour un soprano aigu comme elle, la Toldi. — Vous aurez appris le succès du jeune Lablache dans le *Campanello* à Londres.

(1) Bidera dans son ouvrage *Passeggiata per Napoli e dintorni* consacre tout un chapitre à la description du magasin de musique B. Girard avec la devanture égyptienne.

Nous extrayons aussi de la brochure de M.r D. Lioy, *Milano e l'Esposizione*, les lignes suivantes qui se réfèrent à l'importance de l'industrie musicale exercée à Naples par MM. B. Girard & C.ie :

« .... Pagando un annuo canone al S. Carlo, essi acquistavano la proprietà di tutte le opere nuove e in quel tempo il teatro S. Carlo era il primo del mondo e per esso scrivevano i loro capolavori il Donizetti, il Mercadante, il Pacini.

In tal modo questo stabilimento musicale nel 1847 era il più importante, non solo d' Italia, ma d'Europa. Il suo catalogo formava un volume in 8o di 210 pagine. Splendide erano le edizioni, e chi esamina quelle delle opere di Beethoven (1843), di Thalberg e specialmente di Mendelssohn, non può fare a meno di convenire che esse uguagliano (se non superano) quelle ora giustamente decantate del Ricordi. Le incisioni erano affidate ad un valente e laborioso artista, Michele Pasinati : le litografie a Richter. Ma la stella musicale tramontava par Napoli colla morte di Guglielmo Cottrau verso la fine del 1847, ed il primato passò a Milano ».

III.

Un jugement peu favorable sur Maria Malibran — Deux anecdotes sur la célèbre cantatrice — L'opinion d'Adolphe Adam sur le peintre Félix Cottrau — Les deux quintes de la chanson *La festa di Piedigrotta* — *Leonora di Guienna* n'est autre chose que la *Rosamonda* — Nourrit et le *Giuramento* de Mercadante — Donizetti ajoute une ouverture et une cavatine au *Roberto Devereux* — Le ténor Nourrit et le *Poliuto* — Donizetti est toujours le *maestrone del giorno*: il compose d'autres morceaux pour la *Bétly* et pour le *Campanello* — Parallèle entre Naples et Paris — Mort tragique du ténor Nourrit — Son monument au Cimitière de Naples — Eugènie Garcia — Rossini à Naples.

Notes retrospectives sur Maria Malibran

Naples 13 Janvier 1838

Chere frère

Il me fallait un ricochet comme celui de M.me Merlin pour me faire parvenir de tes nouvelles, si toutefois je puis appeler ainsi une lettre où tu ne me souffles mot de toi, de ta disposition d'esprit, de ta position, de tes travaux, de tes projets, de notre mère etc.

Regny ne t'a pas trompé; j'ai connu mieux que qui ce soit la pauvre Maria pendant ses trois séjours à Naples, l'ayant suivie de près dans l'intimité, dans le monde, au théâtre, dans son *camerino* et ayant pris plaisir à en faire une étude, sans être jamais sous le charme de son jeu, de son chant, de son esprit et de ses traits d'originalité. Les confidences de quelqu'un qui l'avait connue au sortir de l'enfance et ma manière de sentir qui se régimbe, comme tu sais, contre toute exagération, toute affectation de naturel, tout désir immodéré de popularité m'avaient mis en garde contre un entraînement irrésistible pour taire d'autres. Cette froideur assez marquée dans de fréquentes rencontres avec elle chez Mme Fodor, chez Barbaja etc. me rendit tellement le but de ses avances que je me trouvais en peu de temps de sa société intime. J'aurais donc une infinité d'anecdotes à te raconter sur elle, mais à ne vouloir pas les broder, tournent-elles à son avantage? J'en doute fort et dès lors quel parti son biographe pourrait-il en tirer? Et puis est-il bien à moi de déchirer le voile et de montrer la pauvre Malibran dans toute la nudité de son insensibilité même maternelle, de son égoïsme et de la mesquinerie de ses sentimens où une éducation grossière n'avait jamais laissé pénétrer un rayon de poésie? Cette dernière assertion te paraîtra sans doute exagérée, mais sache qu'elle n'avait jamais ouvert d'autres livres que des pièces de théâtre, des journaux et des romans de Paul de Kock; que toute idée d'avenir, de dévouement, de sacrifice à une conviction sincère lui était étrangère, qu'elle traitait de duperie toute autre manière de penser et qu'enfin, pour la peindre en un mot, je l'ai vue interrompre Bériot qui lui lisait dans une lettre de Bruxelles des nouvelles de son fils pour l'entretenir de commérages de théâtre! Oui, hélas! c'était la vraie femme sans cœur de Balzac. En voici assez, je crois, sur ce triste sujet, car c'en est un bien triste, je te l'assure; pour moi qui n'ai connu la vérité sur le compte de cette femme célèbre que peu à peu (et dans les derniers temps d'une liaison qui s'était bien refroidie) lors de son dernier départ.

Tu vois par la nature de ces détails qu'ils sont uniquement pour toi, car je ne me suis jamais ouvert de la sorte avec qui que ce soit, pas même avec Jenny qui conserve encore un vif enthousiasme pour la Malibran et se fâche tout de bon quand je la contrarie.

Si Mme Merlin veut des anecdotes sur elle, que ne s'adresse-t-elle à Lablache, à Duprez, au marquis de Louvois, à Thibault surtout pour les détails de la dislocation du poignet en revenant, dans la petite voiture de ce dernier, d'un combat de dragées à Tolède, un dimanche de carnaval? Étant allés ce soir là, Jenny et moi, rendre visite à Mme Lagrange nous fûmes fort étonnés d'y trouver Maria étendue sur un sopha au coin du feu et le bras en écharpe, le marquis de Louvois à ses genoux, la dorlotant comme un enfant de quatre ans. La chûte de voiture eut lieu à la nuit tombante dans la dernière prolongation de la Villa Reale (tu ne la connais pas) où les voitures étaient obligées de s'embourber pendant qu'on repavait le quai latéral, maintenant élargi. Un pourceau, qu'on était en train d'égorger en pleine rue à côté du bûcher allumé pour le flamber, s'étant échappé aux grands cris du cercle de lazzaronis et de pêcheurs qui assistaient au sacrifice, vint se ruer dans les pieds des chevaux qui prirent le mors aux dents et brisèrent l'avant-train de la voiture où étaient la Malibran et Thibault. Ce dernier, qui ne se fit rien, la porta dans ses bras jusqu'au cabaret à côté de l'église *S.a Maria della Neve* où il lui rajusta le poignet et la fit transporter à deux pas de là chez M.me Lagrange qui logeait au dernier hôtel devant la *Torretta* à l'embouchement de la rue de *Piedigrotta*.

J'ai voulu entrer dans ces détails pour le cas où tu voudrais faire de cet accident le sujet d'un tableau qui serait, il me semble, tout-à-fait dans ton genre. Puisque cette idée vient de me venir, je vais te raconter une autre anecdote qui pourrait t'en fournir le pendant. Nous revenions avec M.me Malibran un jour par mer de la villa Barbaja où nous avions dîné. Tu te souviens de ces rochers à fleur d'eau, au tournant du petit pont qui joint le château de l'Œuf au Chiatamone, ces rochers où se reposent les pêcheurs *cuivrés* de *canolicchi* et d'oursins? Et bien il prit fantaisie à Maria de mettre pied à terre sur un d'eux et j'eus la bonhomie de l'y suivre sur son invitation; ce que voyant le reste de la compagnie, Falleri, qui était au gouvernail de la chaloupe, trouva fort plaisant de s'éloigner de notre îlot pour rire de notre embarras; mais la Malibran ne fut pas longtemps à prendre son parti et s'élançant d'un bond sur le rocher voisin, puis de là sur un autre, au grand risque de glisser sur l'algue gluante, elle gagna de la sorte la terre-ferme, c'est-à-dire la ceinture de laves qui, sous les murs à pic de la *Panatica di S.a Lucia*, se prolonge jusqu'à l'embarcadère de l'*acqua zorfegna* et où nous ne trouvâmes pas moins de peine à nous maintenir en equilibre, passant à gué, et avec de l'eau jusqu'aux genoux, les intervalles. N'admires-tu pas ma folie à la suivre, moi, près de la quarantaine et père de famille à lunettes? mais il est des momens. où la crainte du ridicule l'emporte sur tout autre considération.

J'ai profité de l'autre marge sans aborder la demi-feuille pour que tu puisses la détacher et la remettre à M.me Merlin, car je vais y marquer les opéras que la Malibran a chanté ici avec quelques observations sur ses succès.

Si tu pouvais, cher frère, te faire une idée du train de vie que je mène, levé dès quatre ou au plus tard cinq heures du matin, écrivant jusqu'à neuf, et courant de droite à gauche le reste de la journée, tu apprécierais en vérité ce que je fais pour toi et tu m'épargnerais de semblables commissions!

Tes nouvelles du mariage de Bouchot nous ont bien diverti. Je parierais avec tout cela qu'il sera très heureux dans son ménage. J'ai bonne idée de sa femme. Dis-leur à tous deux bien des choses affectueuses de notre part et à Luigione (1) aussi. — Reviendra-t-il à Naples?

8 Mars 1838

Pauvre frère! Comment a-t-il été mettre tous ses œufs dans un panier et dans quel panier percé, bon Dieu! N'est-il pas déplorable que, doué si merveilleusement par la nature et tellement secondé par les circonstances pour réussir dans toute carrière qu'il eût voulu entreprendre (2), il ne se soit pas même assuré un morceau de pain pour ses vieux jours et il approche de la quarantaine! Au moins s'il avait mené une vie heureuse!

Mais j'en doute fort, car il doit être bien revenu à l'heure qu'il est de ses illusions en politique, en morale, en amitié et en satisfactions d'amour-propre! Plaise au ciel que ce dernier choc et le vide qu'il a dû lui faire éprouver, lui fassent enfin songer au lendemain!...

Falconnet m'a parlé avec admiration de son tableau de la procession sur le lac de Constance. Lui rendra-t-on enfin justice à l'Exposition?

(1) *Luigione* c'est Luigi Lablache.

(2) En parlant du peintre Félix Cottrau, le frère de Guillaume, Ad. Adam de l'Institut s'exprimait ainsi dans le journal *le Pays* du 29 Décembre 1852 :

« Talent, esprit, beauté, noblesse de coeur et fierté d'âme, pas un don ne lui avait été épargné: et, chose étrange, l'homme si éminemment doué, qui aurait dû compter tant d'envieux, avait en même temps reçu un charme si particulier, une grâce si parfaite qu'il ne lui fut jamais possible de se connaître un ennemi: on ne pouvait le voir sans être attiré vers lui: à peine l'approchait-on qu'on se prenait à l'aimer, et l'on remerciait le ciel de l'avoir fait si charmant et si spirituel, car ce charme et cet esprit étaient au bénéfice de tous. Prodigue qu'il était, il dépensait au profit de l'amitié tout ce que le ciel lui avait départi. Chacun gagnait à l'approcher: les femmes paraissaient plus belles, les hommes plus aimables et plus brillants dans la société qu'il animait de sa présence et de ses saillies. »

Tu me demandes ce que je pense de ..... Ce que tu m' en dis dépasse fort l'opinion que j'en avais soit comme caractère, soit comme talent. Sa fatuité ou plutôt son extrême familiarité avec ses écolières auxquelles il s'avisait de débiter des propos galans et de faire les doux yeux, le rendait un peu ridicule. Quant à son école, elle était assez maniérée, des *ritardando* perpétuels, des mignardises; moins pourtant que Perugini: du reste d'assez bons principes, mais la voix désagréable. Quant à ..... c'était tout-à-fait une *materia prima*, un vrai niais de comédie; assez jolie voix pourtant. Votre excessive indulgence à l'égard de ces chanteurs auxquels personne ne prenait garde ici, me fait tomber de mon haut. Il faut que les encouragements des *dilettanti* Parisiens les aient bien dégourdis.

Je n'en reviens pas de ce que tu me dis de l'expression de M.me Persiani. Au surplus je me souviens de Pellegrini et de Rubini sur lesquels Paris opéra une semblable métarmorphose.

25 Mars 1838

Voici la gamme (*la scala*) de Donizetti et un autre autographe de Crescentini auquel je l'ai demandé de la part de Lina. — Quant à *mon* autographe, c'est une plaisanterie à laquelle je ne saurais me prêter. Je pourrais tout au plus composer quelque bagatelle pour M.lle de San Carlos.

Je vais t'envoyer mes *Passatempi* et les épreuves de la *Leonora di Guienna* de Donizetti.

M.lle Falcon (1) que nous voyons souvent, part sous quinzaine. Duponchel la réclame. — Nourrit est enchanté de Naples et voudrait même y faire venir sa femme... Je dois aller plus tard chez ce *simpaticone* pour lui négocier un engagement à S.t Charles de Novembre à Février — Mais, chut!

Chère Maman

Qui lirait d'un côté tes lettres si brûlantes, où ton âme se révèle si bien et de l'autre mes réponses si sèches, si estropiées et talonnées par une hâte perpétuelle, concevrait une triste opinion de moi!

(1) M.lle Falcon, célèbre chanteuse de l'Opéra de Paris.

opinion si naturelle que j'en viens parfois à douter que tu ne la partages un peu..... mais non ce n'est pas possible, n'est-ce pas? Une mère et une mère comme toi, peut-elle méconnaître son fils! — Je continuerai donc à laisser courir ma plume après ce qui me semblera plus pressé, ajournant indéfiniment mille détails.

Adieu à tous les trois. J'espère bien me remettre en fonds: ainsi donne-moi, je t'en prie, la préférence, si tu es à court d'argent. Pauvres cigales! votre hiver approche maintenant et ce beau projet de le passer ensemble recule toujours devant nos désirs!

1er Mai 1838

Nourrit est engagé pour 5 à 6 mois et doit débuter dans un nouvel opéra que Donizetti va composer tout exprès et qu'on donnera à la mi-Octobre — J'ai passablement contribué à un rapprochement pour le contrat et Nourrit m'en est très reconnaissant. Il est enchanté de la nouvelle perspective qui s'ouvre devant lui et attend sa famille dans un mois.

13 Mai

Donizetti vient de commencer le *Polyeucte* pour Nourrit. Nous nous arrangerons avec B. Latte pour la propriété.

Les nouvelles *Nuits d'été* sont encore au croc.

Il faut que l'amour fraternel, qui est pourtant d'ordinaire assez clairvoyant, fasse bien illusion à Lina pour qu'elle ne trouve rien à retoucher à mes ariettes napolitaines. Il me semble qu'elles gagneraient beaucoup à ce qu'elle les notât comme elle les chante et les accompagne; et puis quelques cadences, quelques enjolivements n'y gâteraient rien. Je me rappelle que dans la *Festa di Piedigrotta* je saisis au vol les deux quintes que Félix y mettait tout naturellement ce qui fait aux trois quarts le mérite de la chanson *de fare sputazella*.

Il est hors de doute, chère Maman, que j'ai perdu tout droit de propriété sur les anciennes chansons; mais, en les rafraichissant par de nouvelles et en les retouchant, je mettrais tout autre éditeur dans l'impossibilité d'en publier une autre édition semblable et je me mettrais hors de ligne pour la concurrence. Or, pourquoi se tant presser et ne pas mitonner une spéculation qui, entreprise en même temps à Paris, Londres et Vienne, pourrait m'assurer quelques milliers de francs, pour peu que Félix et quelques amis se prêtassent d'un côté à préparer de jolies vignettes et M.r Nouguier de l'autre à paraphraser les amphigouris napolitains ? Je me chargerais des notices sur les traits de mœurs, proverbes, allusions etc. etc. et au besoin de la traduction littérale.

20 Mai 1838

Cher Bénédict

Je viens de recevoir votre lettre du 2 ct. et j'y réponds tout chaud. Il n' est pas à craindre que vous suiviez cet exemple ! Je vous cherche au surplus une querelle d' allemand (soit dit sans vous offenser), car, loin de me plaindre de votre négligence, j'en suis à m' étonner que vous trouviez un instant à me consacrer au milieu de votre *harly barly* musical. — Je suis ravi des nouveaux détails que vous me donnez sur le succès de votre opéra, *Gipsy's Warning*. J'en suis presque à rougir modestement comme cet obscur traducteur de Virgile, lorsqu'on citait un vers de l' Enéide ou des Géorgiques, tellement mon amour propre se confond fraternellement avec le vôtre, pour avoir compris de bonne heure la portée d'un talent de composition méconnu peut-être par vous même, si disposé à exalter celui des autres . . . J'ai déjà fait insérer dans l'*Omnibus* un extrait du *Morning Chronicle*, dont j'ai eu soin d' élaguer le coup de patte sur la vulgarité de la musique italienne. Le *Sibilo* a aussi annoncé votre triomphe.—Maintenant je vais *préconiser* votre concert, en indiquant d'avance les artistes qui y coopéreront........

J' en suis encore à comprendre comment vous avez pu tirer 500 francs du *Roberto Devereux* publié depuis si longtemps. C' est de l'argent trouvé à terre. . . . . . Ce qui ne m' étonne pas moins c' est que vous n' ayez pas pu faire flèche des morçeaux de la *Leonora di Guienna*, opéra inédit et dont je puis transmettre régulièrement la propriété.

Il est bien vrai que la fécondité de Donizetti lui fait du tort, mais il est encore le *maestrone* du jour.

5 Juin 1838

La Comtesse Nathalie de Komar (1) est vraiment un ange de beauté de bonté et d'amabilité ! elle nous a chanté, sans se faire prier le moins du monde, *Pietro*, la *Monacella* et un petit air de Vaccaj *Ella m' ama*. Sa voix est d'un timbre délicieux, qui m'a vivement touché par sa ressemblance avec celui de Lina, la méthode surtout étant la même. Elle est enthousiaste de sa maîtresse chérie à laquelle elle nous a dit avoir voué une reconnaissance éternelle pour avoir aussi corrigé son mauvais caractère. . . .

Je suis enchanté de la vente de la *Leonora di Guienna* à Londres. Je n' ai jamais caché que la *Leonora* n' était que la *Rosamonda* remaniée, opéra qui a été chanté à Florence en 1834 par la Tacchinardi, la Delsere, Duprez et Porto.

Quant aux nouvelles *Nuits d' été*, mon contrat, verbal du reste, avec Donizetti reste en vigueur, mais Dieu sait! quand elles seront prêtes, car l' auteur vient encore d'en détacher trois morçeaux: *La sultana, Il pescatore, Il menestrello* pour les faire figurer parmi six ballades qu' il compte vendre à Paris.

12 Novembre

Nourrit débute après demain dans le *Giuramento* de Mercadante. Il est content de son rôle et les répétitions promettent un succès colossal.

A Donizetti *de suite* l' incluse par la petite poste. S' il demande *Bétly* et *Campanello*, donne-les lui.

(1) De la belle Comtesse de Komar, devenue ensuite Principessa Spada, ainsi que de sa sœur la Princesse de Beauvau et de la charmante Comtesse de Baussancourt, née de Sassenay, on peut retrouver chez les fils de Guillaume Cottrau nombre de lettres intéressantes.

De même des lettres de Mad.me Virginia De Simone, femme de cœur et d'esprit, qui épousa en premières noces le célèbre tragédien De Marini, connu sous le nom de Talma italien et qui mourut en 1829.

15 Novembre 1838

Nourrit a débuté hier soir dans le *Giuramento* ; son succés a été immense, colossal et a surpassé toutes ses espérances. La Cour qui assistait à la représentation, entraînée par les bravos du public, a été forcée d'autoriser de bruyans applaudissements à chaque morceau.

15 Décembre

M.r Nouguier pourrait-il me placer auprés de B. Latte, qui a gravé, je crois, le *Campanello*, le complément de cet opéra, savoir un chœur, un petit galop, un air de basse et le petit trio final ?

Je me suis arrangé avec Launer pour le complément de la *Bétly*. Donizetti est pécuniairement intéressé à faire donner ces deux opéras pendant la saison.

Je suis bien fâché de ce que vous me dites au sujet de mes chansons napolitaines réimprimées par Latte. Il n' y a pas de temps à perdre pour garantir le reste de la contrefaçon (1).

Si Donizetti publie à Paris quelque chose de vraiment nouveau et non pas du rechauffé d' ici, tel que le *Conte Ugolino* que j' ai fait graver il y a dix ans, envoie-moi le.

J' apprends qu' il ajoute une ouverture au *Roberto* et une cavatine au lieu de la romance de Sara. Il doit faire de plus un nouvel air pour la Persiani dan l' *Elisire*.

---

(1) Dans une lettre que M.me Cottrau adressait à son fils en date du 19 Janvier 1839, nous trouvons ce qui suit.

« Dans le temps tu n'as pas mis ton nom à tes *Passatempi musicali* parce que tu désirais leur succès comme airs nationaux ; mais à présent que leur vogue est assurée et qu' on ne dédaigne pas de les placer au rang de mélodies napolitaines, en y mettant ton nom, tu te fais connaître avantageusement et le nom de Cottrau ne sera plus inconnu dans la carrière musicale. »

21 Janvier 1839

A quel titre obtenir cette bourse pour un enfant qui n'est pas français et dont le père ne l'est plus, au moins légalement? Et puis, à ne te rien cacher, je crains encore plus la corruption, l'égoïsme, l'irréligion, l'esprit révolutionnaire et présomptueux de la *jeune France*, que je n'en désire l'instruction encyclopédique, surtout pour un enfant comme Théodore qu'on ne peut jamais tenir dans le juste milieu qui n'a pas plus de mesure dans ses études que dans ses jeux, qui tantôt, par le froid qu'il fait, grelotte avec un manteau et l'instant après se met en chemise sur la terrasse pour jouer; qui hier, par exemple, quoique mourant de faim, voulait quitter la table après les maccaronis pour achever plutôt une lecture. Et note qu'il dévore un roman de Walter Scott chaque dimanche et ne nous suit qu'à regret à la promenade. N'y a-t-il pas tout à craindre de la contagion de l'exemple et de l'*émulation* en tout pour un tel caractère dont heureusement jusqu'ici la candeur et la bonté forment la base? Je craindrais donc de le livrer, d'ici à quelque temps, aux dangers inséparables de toute éducation publique, non mitigée par des rapports journaliers de famille. Et puis quelle carrière doit-il suivre? Je n'en sais rien encore. Celle d'avocat me semblerait lui convenir. Mais en France ou ici? Cela n'est-il pas subordonné à mon sort futur? Et cela moins encore par un sentiment d'égoïsme paternel (si ces deux mots peuvent s'accoupler) que dans la vue de son bonheur.

Nous sommes ici, il est vrai, dans un marais, mais vous n'êtes pas sur la bouche d'un volcan?

---

5 Février

Mon intention est bien, comme tu le suggères, d'intercaler mes nouvelles chansons napolitaines à un bon choix des anciennes et de les publier de la sorte à Paris. Mais, en attendant, il me parait indispensable de courir au plus pressé et d'arrêter la maraude (*pirateria*) des éditeurs de Paris. Je tiens donc beaucoup à ce que le dépot des anciennes mélodies soit fait en règle et en mon nom — Quant à mes droits sur les ariettes composées ou recueillies par moi, du moment que je suis le premier à les publier en France, ces droits me semblent incontestables, d'après le arrêts du 30 Janvier 1818 et 26 Novembre 1828 de la Cour de Paris.

Je suis encore incertain si je publierai ces *Napolitaines* à part ou bien si je les fondrai dans un recueil général de *Mélodies de tous les pays.*

Donizetti, auquel je vous prie de remettre l'incluse, m'a écrit pour se justifier d'avoir substitué à la dédicace qu'il avait fait à Lina de sa ballade, une dédicace à Mme de Coussy. Il m'ajoute qu'il publiera bientôt chez Pacini une ariette dédiée à notre sœur chérie.

MORT TRAGIQUE DE NOURRIT

Naples 9 Mars 1839

Par où commencer la terrible nouvelle que j'ai à vous donner?

Nourrit, dont le sombre désespoir me préoccupait au point que je m'efforçais de vous rassurer sur ses suites funestes dans mon billet d'il y a trois jours, entièrement consacré d'ailleurs aux affaires, cet adorable Nourrit pour lequel je ressentais une si vive amitié, n'est plus; un suicide vient de mettre un terme aux douleurs morales dont il était bourrelé.

Hier matin à l'heure où je vous écris, cinq heures et demi, il s'est levé tout-à-coup après une nuit horriblement agitée. Sa femme qui, après l'avoir veillé jusqu'alors, venait de s'assoupir, lui dit: Tu ne prends pas de lumière, Adolphe? Je n'en ai pas besoin, lui répond-il et il sort de la chambre. Habituée à ses insomnies, Mme Nourrit se rendort, mais elle est bientôt réveillée en sursaut par un bruit étrange et lointain. Après une lutte de quelques minutes entre l'assoupissement et de funestes pressentimens, elle s'habille à la hâte et parcourt l'appartement. (C'est celui qu'occupait en dernier lieu Lablache au palais Barbaja et dans lequel Rossini (1) a composé plusieurs opéras)

(1) Pourquoi rien ne rappelle à Naples un souvenir historique si précieux? Pour ce qui regarde Rossini et sa vie, consulter de préférence les belles publications de l'éminent publiciste G. A. Biaggi de Florence (*Nuova Antologia*, 1868).

elle traverse le salon, trois antichambres; une lueur blanchâtre qui venait de la porte d'entrée ouverte, la frappe; elle s'élance sur le palier: il lui vient dans l'idée que son mari est descendu chez Barbaja, qui est très matinal et loge à l'étage inférieur, au second — Ses regards, après s'être abaissé sur les fenêtres fermées, plongent dans la cour. À la lueur douteuse de l'aube, un mélange d'etoffe verte, blanche et rouge attire son attention: elle descend à la hâte les escaliers; bientôt elle ne peut plus douter de son malheur

E resta senza
E voce e moto; ahi vista! ahi conoscenza!

Après s'être traînée jusqu'au cadavre, sur lequel elle s'efforçait en vain de trouver quelque signe de vie, elle appelle à son secours la portière et un palefrenier qui avaient été probablement réveillés par le bruit de la chûte, mais qui, craignant de se compromettre avec la police, se tenaient à l'écart. Au milieu de ses cris de désespoir, elle distingue la voix de sa fille aînée qui, réveillée par les allées et venues, l'appelait du haut du palier. A cette voix la pauvre veuve reprend son sang froid. Une résolution admirable dans un tel moment s'empare de son esprit; elle cachera à ses enfans si pieux le genre de mort de leur père. Elle s'arrache donc du cadavre et, remontant l'escalier aussi vite que ses jambes chancelantes le lui permettent, elle dit à sa fille que son père est à toute extremité, qu'elle vient de réveiller le portier pour aller quérir un médecin et lui impose de prier pour lui avec ses sœurs sans sortir, sous aucun prétexte de leur chambre, qui est à l'autre extremité de l'appartement. Eh bien, le croirez-vous? ce pieux stratagemme lui a réussi et ses enfans ne se doutent pas d'un suicide qui choquerait tellement leurs idées religieuses et leur respect pour la mémoire d'un père chéri. Les trois plus petits même croient qu'il est parti pour Paris.

Je tiens tous ces détails de la malheureuse veuve dont le morée et effrayant désespoir, aride de larmes, a fait place hier soir à de douloureux épanchemens. Pauvre femme! Elle est vraiment admirable et a pris même sur elle d'écrire dès le premier instant quelques lignes à sa famille qui doit être préparée à la triste nouvelle.

Dès sept heures du matin elle m'envoya appeler, et son premier mot a exprimé une vive inquietude que les journaux n'annoncent brusquement l'évènement. Elle voudrait à tout prix, si c'est possible, que vous couriez à cet effet dans tous les bureaux pour demander à genoux cette grâce, car Nourrit a une mère, une sœur, un frère et puis sa famille à elle qui l'aimait comme un fils; et par qui n'etait il pas aimé cet homme si loyal, si candide, si affectueux, si bon, d'un esprit si elevé, d'une âme si noble, d'un caractère si aimable!

Au milieu de la douleur général une idée m'avait saisi. Une loi d'il y a quinze ans et qu'on n'a eu que rarement l'occasion d'appliquer, car les suicides sont extrêmement rares ici, prive ceux-ci de la *sépulture ecclésiastique* et prescrit des formalités infamantes. Je me suis mis en course toute la journée et je suis enfin parvenu à faire déclarer par le curé de la parroisse que Nourrit, bon catholique d'ailleurs et de mœurs excellentes, avait attenté à ses jours, non pas dans un mouvement de colére, dans un accès de folie; ce que je lui affirmais et je ne crois pas avoir menti. Quelques messes payées à propos ont aplani les obstacles; et notre pauvre ami, déposé depuis hier matin au cabinet anatomique de S. Francesco à Porta Capuana, où j'ai eu le courage d'aller le voir, sera enterré ce soir.

J'ai été interrompu par d'autres amis du défunt pour nouvelles et interminables courses, de nouveaux obstacles s'étant élévés par suite d'un conflit entre la police, le curé et la municipalité. Voici cinq heures que j'arpente Naples et enfin tout parait arrangé. L'enterrement aura lieu à cinq heures. L'autopsie a été faite. La mort a dû être instantanée à cause d'une fracture du cerveau à y mettre le poing. Un prodigieux développement du foie explique la profonde mélancolie où était tombé Nourrit. Une maladie chronique incurable en aurait été la suite inévitable. Au contraire les poumons (le croirez vous?), étaient extrêmement petits. J'ai obtenu pour la veuve le cœur et les cheveux dont j'enverrai à sa mère une mèche. Quelle coïncidence! Nourrit devait jouer demain *Gabrielle de Vergy!* (1) Nous voulions faire embaumer le cadavre, d'après la volonté de sa femme, mais impossible d'injecter les artères à cause des blessures d'abord et ensuite de l'autopsie.

(1) La 1re représentation de la *Gabriella di Vergy*, opéra de Mercadante, avait été fixée au 10 Mars.

Quant aux causes qui ont pu amener cette funeste détermination de notre pauvre ami, il faudrait bien plus de temps qu'il ne m'en reste pour vous en donner une idée. En résumé, mécontentement de lui-même, comme artiste s'entend, regret de ne pouvoir pas se montrer dans un autre rôle favorable après le *Giuramento* qui ne lui avait même offert qu'une belle scène, refroidissement du public, obligation d'accepter un rôle ingrat et mal secondé, désagrémens avec l'entrepreneur dont il ne pouvait supporter les brusqueries, inquiétudes sur l'avenir de sa famille à laquelle il me disait qu'il serait bientôt à charge, nostalgie prononcée, idées fixes et souvent crainte de devenir fou; il faudrait des volumes pour vous expliquer tout cela. Je l'avais vu très souvent dans ces derniers temps et j'avais passé avec lui, avec sa femme et avec Manuel Garcia, ses deux dernières soirées. La veille surtout je n'avais pas quitté sa loge sur les coulisses. Il avait chanté dans une espèce de concert des fragmens de *Norma* et du *Giuramento*. Quelques sifflets s'étaient faufilés aux applaudissemens assez froids d'un public impatienté de lui entendre chantér toujours les mêmes opéras. Cette circonstance, aggravée par d'affreux rêves dont il se plaignait et par une imagination exaltée, ont dû provoquer un accés de folie qu'il n'a pas su maîtriser. Depuis quelque temps il repoussait les caresses de sa famille, probablement pour ne pas se laisser attendrir. Nous avons trouvé sur son bureau en lettres capitales ces mots. *Croire, espérer, aimer* et il avait dit la veille à un ami: Je suis tombé bien bas car je ne crois plus, je n'espère rien et souvent je me surprends à ne rien aimer.

L'avant-veille de sa mort il avait écrit des vers sur un morceau de musique de M.r Garcia. Les voici :

Si tu m'as fait à ton image
O Dieu, l'arbitre de mon sort,
Donne-moi le courage
Ou donne-moi la mort.
Mon âme en proie à la souffrance
Est tout près de succomber !
Dans l'abyme où meurt l'espérance
Ah ! ne me laisse pas tomber !

6 Mars 1839

Scrive Francesco Mastriani nel giornale *Roma* che « il giorno precedente la sua morte, Nourrit si recò da Guglielmo Cottrau. Quivi erano raccolti i suoi amici, i suoi più caldi ammiratori, abbonati a S. Carlo, e varii giovani letterati e giornalisti....

« Nourrit non disse che poche e scompigliate parole. Poco stante, uscito di là con Guglielmo Cottrau,

« Dimmi, Guglielmo — gli domanda — è in città o fuori l' ospedale de' matti? »

« E poichè il Cottrau gli risponde, che il manicomio è nei dintorni di Napoli, sembra il Nourrit compiacersi di tal nuova: e, quasi che propriamente si fosse trattato della sua persona.

— « Meno male! esclama — mia moglie e i miei figliuoli non avranno a fare un lungo cammino per venirmi a vedere ».

La notte seguente compivasi un' orribile tragedia.... un corpo esanime era steso nel cortile del palazzo Barbaja!

Ed a cura di Guglielmo Cottrau fu eretto al Camposanto un monumento alla memoria del povero Nourrit. È una colonna spezzata! l' immagine della vita, predestinata forse alla gloria, e che *compie sua giornata innanzi sera.*

---

5 Avril 1839

Nous avons eu hier à dîner Garcia, le fils du célèbre ténor et sa femme Eugénie, qui parait avoir un bien beau talent pour un *grand* théâtre, à en juger par ce qu'elle nous a chanté avec une rare complaisance.

M.me Garcia va remplacer M.me Damoreau à l' Opéra-Comique et Donizetti doit y composer pour elle un opéra.

C' est un excellent couple qui s' aime bien et avec lequel, il me semble, qu'on peut se lier en toute sûreté sous le rapport du ton et des mœurs. Le mari est très bon musicien et un vrai artiste.

Nous avions aussi à diner Vanvitelli, secrétaire d' Ambassade à Vienne qui est venu en congé avec l'Arciduc Charles. L'affluence à Naples de hauts personnages est immense. On ne coudoie que des princes ou des ambassadeurs.

Il n' y a rien de tel que le malheur pour former des liens de sympathie entre des personnes qui y prennent un intérêt commun et pour les montrer sous un jour favorable, qui souvent n'est pas faux, les unes aux autres. Cela m'est arrivée dans la maison de deuil que j'ai tellement fréquentée pendant un mois, la maison Nourrit. Combien de préventions fâcheuses s' y sont dissipées! Par exemple, nous y avons vu de près M.me Méquillet, sa sœur, une excellente Allemande d'une simplicité, d'un bon sens et d'un bon cœur précieux et sa fille Sophie et nous nous sommes pris d'amitié pour cette famille dont le dévouement pour M.me Nourrit qu' elles ont veillée pendant 15 jours, a été admirable. Il n' y a pas jusqu' à..., assez pitoyable chanteuse de Feydeau qui, vue de près dans ces tristes moments, ne m'ait reconcilié avec sa position equivoque.

26 Juillet 1839

Rossini, que je vois assez souvent (hier soir par exemple qu'il m'a régalé — en bonnet de coton et sur sa terrasse de la Villa Barbaja — d'une orangeade de sa façon) m'a chargé de mille choses aimables pour Lina (1), dont il exalte toujours le beau talent.

Inutile de vous ajouter qu' il ne s'occupe guères de musique.

Paris 16 Décembre 1839

Mon cher Monsieur Cottrau

C' est au milieu de fleurs, de visites et de fêtes que je vous écris. Mon succès a surpassé tout ce que je pouvais espérer. Vous avouerai-je que l'Opéra-Comique est chaque soir obligé de renvoyer du monde? La societé la plus choisie de Paris vient avec bonté me prodiguer des applaudissements et des bouquets qui sont pour mon cœur une

(1) La sœur de Guillaume, M.me Lina Freppa, femme supérieurement douée de cœur, d'esprit et de talent musical. Elle avait été à Naples l'élève favorite de Crescentini et à la belle méthode de chant elle joignait une voix vraiment remarquable.

source de joies indicibles. — Après tant de souffrances morales, j'ai enfin trouvé une compensation dans la plus forte de toutes, l'approbation de mes compatriotes.

Le premier soir je fus rappelée après l'opéra et je reçus à mes pieds douze magnifiques bouquets.

Votre toute dévouée — Eugénie Garcia

Naples 1839

Tu auras su qu' aussitôt les dépouilles mortelles du pauvre Nourrit arrivèrent à Marseille, Chopin et M.me George Sand firent célébrer un service funèbre en son honneur.

Vient de mourir à Rome notre bon ami le Comte de Gallenberg (1).

ANNOTATIONS

Comblons quelques lacunes de ces feuillets de correspondance.

« Pour les talents de son ordre, tout le monde sait s'ils sont com-
« muns. Aussi je ne doute nullement que les Viennois ne l'accueillent
« comme elle le mérite. Elle fera certainement *entusiasmo, furore, fanatismo.*
« Quand tu l'auras vue dans la *Lucrezia*, le *Giuramento*, la *Parisina* ou
« n'importe dans quel méchant opéra italien (car c'est là une merveille
« de voir quel immense parti elle sait tirer des plus mauvais rôles) tu
« diras comme moi qu'il est impossible de pousser l'art dramatique au
« delà. »

La *Leonora di Guienna* de Donizetti, dont on parle aux pages 59, 61 et 62, est l'ancienne *Rosmonda* jouée en 1834 à Florence et que l'auteur remania en 1838. Un journal de Florence rendait ainsi compte de la première représentation de cet opéra qui est très peu connu : « Al pub-
« blico piacque assai la prima sera e ne diede evidenti contrassegni al
« nostro gradito Donizetti con replicati applausi e replicate chiamate sul
« proscenio. Il 1° atto è infinitamente preferibile al 2°. Le arie e i duetti
« sono belli come pure è bello il finale del 2° atto. Manca in questo
« spartito un pezzo concertato come sarebbe un terzetto o quartetto per
« cui si rende alquanto monotono, col produrre successivamente una fila
« di cavatine, e duetti, duetti e cavatine. La cavatina di Errico II è d'un
« genere grande e Duprez la canta grandemente. La Tacchinardi piace
« estremamente. La voce di questa prima donna non è forte ma è tanto
« limpida e così intonata e pura che si gode tutto il suo canto e nulla
« si perde di quello che esegue con infinita precisione e buon gusto. »

IV.

Georges Sand — Spontini et la musique d'église — *Poliuto* — A. de Lauzières — Donizetti — Barbaja — Messe inédite de Rossini — Pédale obstinée de pessimisme — Femmes incendiées — Lablache et Thalberg — *Caterina Cornaro* à San Carlo — Donizetti à Ivry et son ami Ghezzi - *Orazi e Curiazi* di Mercadante — La Frezzolini — La *Raziella* et les airs napolitains — Le Duc de Montebello Concert de bienfaisance à Naples organisé par la Princesse de Torella — Le physique influe sur le moral — Mort de Guillaume Cottrau.

Marseille, 28 Avril 1839

J'ai vu avant hier madame Nourrit avec ses six enfants et le septième près de venir... Pauvre malheureuse femme! quel retour en France! accompagnant ce cadavre qu'elle s'occupe elle-même de faire charger, voiturer, déballer comme un paquet! Elle m'a semblé avoir le courage stoïque des grandes douleurs; pas de larmes, peu de paroles, et des mots profonds. Elle est belle encore, très brune, mais terriblement fatiguée par tant de couches, tant de souffrances, et un si épouvantable malheur. Ses enfants (dont cinq filles) sont charmants, l'air intelligent et bon, ressemblant presque tous à leur père.

On a fait ici au pauvre mort un très maigre service funèbre, l'évêque rechignant. C'était dans la petite église de Notre-Dame du Mont. Je ne sais pas si les chantres l'ont fait exprès, mais je n'ai jamais entendu chanter plus faux. Chopin s'est dévoué à jouer de l'orgue à l'élévation; quel orgue! un instrument faux, criard, n'ayant de souffle que pour détonner. Pourtant il en a tiré tout le parti possible! Il a pris les jeux les moins aigres et il a joué *les Astres*, non pas d'un ton exalté et glorieux comme faisait Nourrit, mais d'un ton plaintif et doux, comme l'écho lointain d'un autre monde. Nous étions là deux ou trois tout au plus qui avons vivement senti cela et dont les yeux se sont remplis de larmes. — Le reste de l'auditoire, qui s'était porté là en masse et avait poussé la curiosité jusqu'à payer cinquante centimes la chaise (prix inoui pour Marseille!) a été fort désappointé: car on s'attendait à ce que Chopin fît un vacarme à tout renverser et brisât pour le moins deux ou trois jeux d'orgue. On s'attendait aussi à me voir, en grande tenue, au beau milieu du chœur; que sais-je? On ne m'a point vue du tout: j'étais cachée dans l'orgue, et j'apercevais, à travers la balustrade, le cercueil de ce pauvre Nourrit? Vous souvenez-vous comme je l'embrassai de grand cœur chez Viardot la dernière fois que nous le vîmes? Qui pouvait s'attendre à le retrouver sous un drap noir, entre des cierges?

J'ai passé cette journée bien tristement. La vue de sa femme et de ses enfants m'a fait encore plus de mal. J'avais le cœur si gros et je craignais tant de pleurer devant elle, que je ne pouvais lui dire un mot........

George Sand

Adolphe Nourrit était un noble artiste, passionné et austère à la fois. Catholique sincère et presque ascétique, il rêvait pour l'art, avec toute la ferveur d'un maître du moyen âge, un avenir régénérateur du beau par le chant glorificateur du Beau immaculé..... Il refusait son talent à toutes les scènes d'un ordre de sentiments peu élevés ou superficiels.

Franz Liszt
(Extrait de la *Vie de Chopin*)

Nourrit vous arrêtait dans les coulisses pour vous parler de Spinoza, mais pendant qu'il *pantheisait* à pleine fougue, son personnage ne le lâchait pas d'une minute: il avait l'œil à la rampe, l'oreille à la réplique; vous le sentiez peu à peu envahi, ressaisi par la marée montante de l'orchestre; puis tout-à-coup vous rechappant, il replongeait au gouffre.

Blaze de Bury
(*Revue des deux mondes*. Janvier 1884)

Naples 2 Mai 1839

Monsieur Guglielmo Cottrau

Nous sommes arrivés hier heureusement dans ce port, et je m'empresse, en vous en donnant connaissance, de vous réiterer tous nos remercîmens pour toutes vos aimables complaisances pratiquées envers nous.

Vous aurez sans doute reçu la lettre que je vous ai adressée de Civitavecchia pour M.r Sarmiento. Dans celle-la je réitère mon extrême désir que, par la médiation de l'excellentissimo Mons.r votre Beau-père auprès de S. Exc. Mon.r le Ministre de l'Intérieur, qui m'a honoré d'une bienveillance distinguée, mon *Plan de Réforme de la musique d'église* soit adopté et exécuté dans les états des Deux-Siciles: l'essentiel, à cet effet, est de la soumettre au jugement éclairé du Ministre qui doit en faire le rapport à Sa Majesté. La circonstance de cette adoption royale motiverait encore plus mon retour à Naples, pour y faire représenter les opéras, dont il a été question, et peut-être donner suite à la proposition énoncée en votre présence par M.r votre Beau-père à laquelle je ne pourrais répondre, que lorsqu'elle me viendrait faite officiellement, afin de réfléchir à tenter les démarches nécessaires auprès de S. M. le Roi de Prusse, pour en obtenir sa permission royale.

Je reviens à la première affaire, celle de l'adoption par S. M. le Roi des deux-Siciles de mon *Plan de Réforme*, qui rendrait aux yeux du monde beaucoup plus honorable pour moi la dignité à laquelle Sa Majesté m'a élevé de chevalier de l'Ordre de François 1.er Cette adoption justifierait encore plus cette éclatante distinction dont Sa Majesté a daigné m'honorer, et faciliterait de beaucoup l'obtention du nouveau congé pour l'année prochaine de S. M. le Roi de Prusse, qui jouit et s'intéresse infiniment à toutes les distinctions, honneurs et succès dans ma carrière que j'obtiens d'autres cours et du public.

Veuillez donc, je vous prie instamment, vous entendre avec M.r votre Beau-père, et avec M.r Sarmiento pour contribuer au rétablissement du culte divin par la musique d'église, devenue par trop scandaleuse et sacrilège, n'ayant pas oublié l'ouverture de l'opéra *d'Alceste* de Gluck aux funérailles du malheureux Nourrit, que j'ai entendue à l'église de S.ta Brigida; et Crescentini vous en racontera des merveilles.

dans ce genre de scandale et de prostitution des églises. Si cette adoption avait lieu, M.r le Ministre peut garder le manuscrit, que je ne sais pas si je l'ai signé, et d'ailleurs j'écrirai de Paris sur tout cela; mais je vous prie de me répondre le plus tôt possible sur toutes choses.

J'ai l'honneur d'être, avec la plus parfaite considération, Monsieur,

Votre très dévoué
SPONTINI

---

19 Mars 1840

Le père de M.lle Borghese (M. Bourgois) vient de m'écrire pour m' annoncer le grand succès de sa fille dans la *Fille du régiment*. Ce succès est-il bien réel et de bon aloi, car les journaux que j' ai lus ne sont pas trop d' accord? — En tous cas, comme nos *dilettanti* ont soif de nouvelle musique de Donizetti, informe-toi de celui-ci s' il m' en a envoyé les morceaux qui ont dû être gravés.

Expédie moi aussi ceux d' *Elisabetta* ou les *Exilés de Siberie* que l'auteur a ajoutés à l'ancienne partition (1).

Le *Vestale*, nouvel opéra de Mercadante, a eu ici un grand succès.

21 Avril

On parle toujours de blocus par les Anglais, de représailles et Dieu sait où nous mèneront l'entêtement et la présomption! On s'en alarme du reste fort peu.

Ah! si vous alliez nous faire une surprise comme il y a deux ans! La vie est si courte, ma foi! Faut-il toujours vivre de privations et se refuser par économie de si pures jouissances!

J'ai reçu enfin les morceaux de la *Fille du Régiment* que j'ai traduits moi-même. On attend sous peu de jours Donizetti à Naples.

(1) L'ancienne partition s'appelait *Otto mesi in due ore o Gli esiliati in Siberia*.

9 Juillet 1840

Merci pour le livret des *Martyrs*. Le *Poliuto* (1) de Cammarano et non pas de Romani, comme s' obstinent à le dire vos journalistes, était beaucoup plus dramatique, car il était jaloux. Scribe a craint sans doute de s' écarter par trop de Corneille. Dans la partition, il y a de belles choses: le duo de la conversion est admirable, le finale grandiose!

Nos théâtres vont ici à la diable. Jamais on n'a rien vu de semblable. *Fiaschi* sur *fiaschi* e *fischi* sur *fischi*. Les entrepreneurs sont des escrocs et des usuriers dépourvus de toute pudeur. Imagine-toi que pour ne pas s' arranger avec moi, ils ont donné la *Norma* et la *Lucia* instrumentées à faux! Je vais leur faire un procès.

10 Août 1841

C'est bien le 10 Août. N'est-ce pas à pareil jour, il y a 44 ans que tu mis au monde ton premier né qui à tout prendre t'en est on ne peut plus reconnaissant et trouve dans cet anniversaire, du reste *mal sonnant*, un redoublement d'affection pour son excellente mère!....

Naples 1er Octobre 1841

Par Donizetti qui a passé un mois ici, je t'ai envoyé cinq exemplaires sur papier à lettre de mes dernières chansons napolitaines. J'ai mis votre adresse sur le titre afin qu'au besoin vous puissiez faire le dépôt des quatre exemplaires et m'assurer les droits d'auteur, car je nourris toujours le projet de publier en France un recueil général, à bon marché, de mélodies nationales de tous les pays et je tiendrais à empêcher la contrefaçon au moins de mes chansons

(1) La représentation du *Poliuto* fut prohibée à San Carlo: le roi trouva que le caractère de la pièce était trop religieux pour une salle de théâtre. *I fasti della chiesa*, dit-il, *restino in chiesa*.

L'*Opéra* de Paris a ainsi vu naître dans la même année 1840, à huit mois de distance à peine, deux œuvres théâtrales extrêmement remarquables de Donizetti, *les Martyrs* (*Poliuto*) en Avril et *la Favorite* en Décembre.

La *Favorite* eut pour interprètes M.me Stolz, Duprez et Baroilhet.

napolitaines, ce que M. Nouguier m'a dit dans le temps d'avoir fait pour les anciennes en en faisant également le dépôt. Au surplus je ne suis encore fixé sur rien, je tiens seulement à ce qu'on ne touche pas à mes..... *chef-d'œuvres* (1).

16 Février 1842

Puisque tu me parles toujours du Prince Napoléon, je te dirai qu'il a donné le 3 courant un grand bal au Roi et qu'il m'y a invité. Il a été très aimable pour moi et m'a demandé de vos nouvelles avec beaucoup d'intérêt.

T'ai-je dit qu'un soir, à la sortie du Théâtre Fondo, m'ayant vu donner le bras à Jenny, il m'accosta et me demanda de lui présenter ma femme, ce que je fis aussitôt?

Je charge le poète Regaldi et cet excellent de Lauzières qui a tant de talent (2), de la traduction en italien des mélodies de Schubert.

Nous trouvons parmi les papiers de M. G. Cottrau plusieurs notices qui se réfèrent à Donizetti et à Barbaia; nous les reproduisons telles quelles :

La prima sera che si diè al Teatro Italiano di Parigi la *Linda*

(1) Dans ce recueil figure la célèbre chanson *Fenesta che lucivi e mo non luci*, dont la première partie est vraiment belle, remarquable; la seconde partie est calquée sur l'air final de la *Sonnambula*.

Plusieurs contestent à Guillaume Cottrau la paternité de cet air, mais ils n'ont aucune bonne raison à faire valoir à l'appui de leur thèse. *Cet air*, disent-ils, *remonte à un siècle au moins*. Nous répondons, pour les paroles, soit; mais pour la musique, non.

Comment expliquer en effet qu'en 1844 Florimo, savant et érudit comme il l'est, s'avise de composer sur les mêmes paroles et de publier dans son recueil *Le Montanine* une musique à lui, une musique toute autre que celle que nous connaissons?

Cette publication de Florimo prouve simplement (contrairement à une opinion qu'on voudrait accréditer) qu'en 1844 la musique belle et mélancolique de *Fenesta che lucivi* n'était guères connue ou du moins ne jouissait encore de cette grande notoriété à laquelle elle est parvenue depuis.

(2) Achille de Lauzières, écrivain et poète distingué, est né à Naples et ne quitta cette ville qu'après 1849. C'est lui qui écrit depuis 20 ans le feuilleton musical de *la Patrie* de Paris sous le nom de M. de Thémines, et c'est lui qui a traduit en vers italiens les pièces les plus importantes du repertoire moderne français, *l'Africaine, Faust, Carmen* etc. de Lauzières écrit élégamment le français aussi bien que l'italien et Paris il jouit d'un grand renom littéraire.

di Chamounix l'accoglienza fu alquanto fredda. Il tenore Mario (1) che vi cantava racconta come Donizetti invece aspettavasi a un gran successo. Stava sul palcoscenico indispettito, fremeva e due volte proruppe: *Questi francesi che la pretendono tanto, non ne capiscono niente.* Dopo l'aria del buffo al 3.° atto, si esegue il preludio del ritorno di *Linda e Pierotto,* quel bel preludio che tanto avea piaciuto a Vienna..... e neppure un applauso! Donizetti allora prende il cappello e andò via!

Mario che avea per Donizetti, non solo una grande ammirazione, ma una grande amicizia, diceva: « ho fatto per lui appunto un gran sacrifizio, un sacrifizio che non feci mai nè a donne, nè a maestri di musica! al secondo atto, quando mi debbo presentare sulla scena quale *garde française* permisi che mi venisse rasa la barba! »

Donizetti non fa che viaggiare. Pretendono che il maestro abbia fatto collocare nel sedile dinanzi alla sua carrozza un pianoforte e ch' ei componga i suoi spartiti correndo da posta in posta. Intanto ch' ei viaggia, l'eco ripete le soavi sue melodie e le popolazioni si dicono tra loro ascoltando: Egli è Donizetti che passa.

Ei passa, ma non passerà la memoria di lui e vivranno eterni i suoi canti.

La *Lucrezia* a Roma si chiama *Eustorgia da Romano;* a Napoli la censura la fa chiamare *Elisa Fosco* ed altrove *Giovanna di Napoli.*

Quando compone Donizetti? . . . . . In viaggio.

Scribe manda per la posta da Parigi a Donizetti il primo atto del *Don Sebastiano* coll'inchiostro non ancora asciugato. Quindici giorni dopo è partito il secondo atto e a posta corrente è ritornato il primo *già* composto da Donizetti!

(1) Mario comte de Candia, célèbre ténor, le grand *gentilhomme-artiste* de notre époque, comblé d'honneurs et de distinctions de toutes les cours d'Europe, parcourut une brillante carrière: né à Cagliari le 4 Octobre 1810, il mourut à Rome le 11 Novembre 1883 assisté des soins affectueux du Prince Odescalchi et du Commandant Paul Cottrau.

Eccolo poi che scrive a Vienna la *Maria di Rohan* ch'è rappresentata il 5 giugno 1843 e *Caterina Cornaro* pel San Carlo di Napoli.

Giunge a Parigi il 24 luglio e comincia il 1° agosto le prove del *Don Sebastiano*. Quest'opera va in iscena nel novembre; non piace.

Il 28 gennaio 1844 il maestro è nuovamente a Vienna. È ammalato. I medici gli ordinano riposo assoluto. Per incarico dell'Impresario Pillet, il poeta Scribe comincia a scrivergli un nuovo libretto *Jeanne la folle*.

Il 27 aprile 1844 con gran successo si riproduce a Vienna la *Maria di Rohan* con la Tadolini, l'Alboni, Iwanoff e Ronconi. In questa occasione Donizetti ha un po' cambiato il finale del 1° atto, ed ha aggiunto un nuovo duettino al 2° atto, una nuova cabaletta al 3° atto pel soprano ed un largo pel duetto soprano e tenore.

Donizetti ha in dono dalla Regina di Francia un anello in brillanti con in mezzo il proprio ritratto (maggio 1839).

Nel giugno 1844 Donizetti è nominato dalla Regina di Portogallo, cui aveva dedicato il *Don Sebastiano,* cavaliere del R.° Ordine della Immacolata Concezione di Villa Viçosa.

Ferrarese e Sarmiento, allievi prediletti di Donizetti, raccontano che, mentre attendeva alla composizione della *Lucia,* egli spesso aveva accessi d'irascibilità e di bile: una volta la povera moglie ebbe a soffrirne, anzi ne fu vittima. Dopo esplosa la sua collera, Donizetti si rinchiuse nella sua stanza. Là lo sentimmo piangere e singhiozzare (forse pentito di quello che ingiustamente aveva fatto alla sua Virginia). Noi non osammo disturbarlo e restammo lì nel salotto ad aspettare ch'egli rientrasse. Invece Donizetti se ne stette chiuso là per un bel pezzo; aprì poi il piano e lasciò correre la sua fantasia; e dopo quell'accesso di collera, quel dirotto pianto, cui subentrò una mezz'ora di calma, forse di raccoglimento, dal suo estro uscì fuori *Tu che a Dio spiegasti l'ali.*

Mi ricordo Donizetti entusiasta nel mio palco a S. Carlo la prima volta che si rappresentò la *Norma.* Ascoltò religiosamente l'introduzione ch'egli chiamò *stupenda* e non permise che alcuno fiatasse, poi rivoltosi a mia moglie: *Darei tutte le mie opere se mi fosse solo dato comporre una introduzione come questa!*

Giungere la sera a Vienna e recarsi al teatro ove rappresentavasi il *Flauto Magico* fu tutt'uno. Donizetti professa una profonda venerazione per Mozart. E mentre era estatico alle bellezze di quella divina musica, gli si avvicina un italiano, a quanto pare d'intelligenza musicale alquanto limitata, e si meraviglia come lui, Donizetti possa starsene a udire con tanta attenzione una musica, dice egli, così *fredda* e .... *debole*.

Nè *fredda* nè *debole*, ma *calda* e *forte*. Studiatela bene questa musica, studiatela con amore e così forse potrete diventare un maestro *caldo* e *forte*.

Lapida messa sulla tomba di Barbaja (1):

DOMENICO BARBAJA
PRINCIPE DEGLI IMPRESARII TEATRALI
PREFERÌ IL PIACERE DEL PUBBLICO AL PROPRIO GUADAGNO
L'INCARICO SUPERIORE
RILEVÒ DALLE CENERI IL TEATRO MASSIMO
FÈ SORGERE IL TEMPIO DI SAN FRANCESCO DI PAOLA
E NON PER CIÒ DIVENNE PIÙ RICCO
ROZZO NELLE PAROLE, NOBILE NEI FATTI
EBBE FORTUNA MAGGIORE DEL SUO STATO
ED ANIMO MAGGIORE DELLA SUA FORTUNA
FU SEGUÌTO NELLA SUA TOMBA
DALLE LAGRIME DI MOLTI
DAL DISPIACERE DELL'UNIVERSALE
VISSE ANNI 63

12 Octobre 1842

Chère Maman

Nous attendons avec anxiété des nouvelles de l'effet des plongeons sur tes pauvres jambes et nous admirons en attendant que tu puisses prendre des bains de mer à une époque où on a depuis longtemps cessé d'en prendre à Naples. Au surplus, notre admiration est assez sotte, je m'en aperçois tout-à-coup, puisqu'il s'agit de donner une vive secousse par l'impression du froid. J'espère que l'année prochaine tu pourras te baigner tout bonnement à Castellammare sans accom-

(1) L'*impresario* Barbaja mourut à Naples le 19 Octobre 1841.

pagnement de *hautes vagues* dont notre paisible Méditerranée abandonne volontiers la terrible frisure au Pas-de-Calais.

À propos de Castellammare nous y avons été il y a peu de jours pour l'inauguration du chemin de fer; pourtant le trajet a duré plus d'une heure; mais au lieu de regretter cette lenteur, quand on est pas plus pressés que nous ne l'étions, on la bénit de vous laisser savourer les charmes d'une aussi belle route continuellement accidentée sur le premier plan par les jardins, les marines, les rochers de lave qu'on traverse et sur le dernier par ce magnifique panorama de Naples, Pausilippe, Baja, Misène, Ischia, Capri et toute la côte de Sorrento qui se déroule et change insensiblement d'aspect, sans compter le Vésuve qui en fait autant de l'autre côté. Ajoute à cela l'enchantement d'une belle matinée d'automne, et l'eau vous en viendra à la bouche, ce dont je ne désespère pas, car si je me suis laissé aller au genre descriptif, qui ne me va guère, ce n'est pas sans une arrière-pensée que tu n'auras pas de peine à deviner. Mais le charme de la route a été effacé, au moins quant à moi, par celui de la promenade à âne à Quisisana, Monte Coppola et Piemonte, car je ne connaissais que le commencement de cet admirable chemin toujours ombragé et on m'en avait fait suivre un autre, il y a bien des années, pour traverser Piemonte en allant à Monte Sant'Angelo avec Mme Fodor. Nous étions dans le ravissement, à part une *pédale obligée* de regrets pour la pauvre Cendrillon (ma femme) que nous avions laissée à Naples. Je me consolais en pensant que l'année prochaine nous jouirions *tous* ensemble de ces ravissants paysages et tu comprends du reste *qui* est compris dans ce *tous!*

21 Novembre 1842

Je viens d'acquérir une copie de la messe que Rossini écrivit ici en 1821 pour la Congrégation de l'église S. Ferdinando et qui avait été toujours gardée avec une extrême jalousie. Pour votre gouverne, j'ai aussi des messes inédites de Donizetti, Mercadante (1), Ricci etc.

(1) Les bornes que nous nous sommes imposées dans cette publication nous empêchent de nous arrêter à considérer la physionomie caractéristique de Mercadante qui a occupé, surtout pour le *Giuramento*, une place importante dans l'histoire de la musique de ce siècle, ni à suivre non plus le puissant et merveilleux mouvement imprimé à l'œuvre dramatique par Verdi, Wagner et Gounod.

Pour tout ce qui regarde les maîtres contemporains, consulter les belles publications de Hanslick, A. Pougin, Wilder, G. A. Biaggi, Filippi, d'Arcais, Franchi-Verney et A. Galli.

On me dit que Donizetti a ajouté une cavatine pour Mme Persiani dans la *Linda de Chamounix* (1). Envoie-moi la aussitôt qu'elle sera publiée, ainsi que les morceaux des opéras qu'il va donner aux Italiens et à l'Opéra Comique. Les moindres bribes de cet auteur sont précieuses ici.

14 Janvier 1843

Je désirerais bien savoir si on a fait le dépot des exemplaires de mes nouvelles chansons. Si Mr Nouguier n'y a plus pensé qu'il ait la bonté de le faire. Sans cela je devrai renoncer au projet dont je vous ai parlé, de publier plus tard un recueil d'airs nationaux de tous les pays.

J'ai revu le Prince Bonaparte (2) l'autre soir chez les Meuricoffre qui donnaient un grand bal aux officiers de l'escadre hollandaise: il a été d'une amabilité extrême pour moi... Malgré cela je ne puis surmonter ma répugnance à aller le voir. Le matin je crains de le déranger et le soir il y a tant de diplomatie, de noblesse, de rang, de richesse, voire même parfois de talent, que je me sens déplacé dans ses salons.

28 Avril 1843

Chère Maman

..... Ton style dément tes doléances sur l'abaissement de tes facultés intellectuelles! Tu attaches trop d'importance à celle que nous partageons avec les animaux, à la mémoire. Quand on est préoccupé comme toi d'idées tristes et religieuses, est-il étonnant qu'on perde de vue les choses d'ici-bas, à moins qu'elles ne fassent

(1) Donizetti ajouta à cette occasion la cavatine *O luce di quest' anima*, un cantabile pour Lablache et le petit duo final.

(2) Charles Bonaparte Prince de Canino, né le 26 Mai 1803 et mort le 29 Juillet 1857: sa femme Zénaïde, était la fille de Joseph Bonaparte, roi de Naples.

vibrer les fibres du cœur! Et tout cela à propos de quoi?.... de nos comptes!....

17 Août 1843

Que vous êtes toutes deux insupportables avec votre *pédale* continuelle d'idées tristes! Tu ne prendras pas sans doute à la lettre cette boutade. Mais en vérité faut-il nous affliger par des prévisions quand même vos santés vont assez bien et qu'après tout l'avenir n'est pas si effrayant! Si ces bains t'ont fait tant de bien l'année passée, ils t'en feront davantage celle-ci. Au nom de Dieu, bon courage et ne broyez pas toujours du noir comme cela.

On vient de donner *Don Pasquale* de Donizetti au Teatro Nuovo. *Grandissime* succès. Quelle musique délicieuse!

8 Septembre

On a répandu ici tant de bruits absurdes sur une révolution imminente que je crois indispensable de te mettre en garde contre leur retentissement, dans le cas où ils parviendraient jusqu'à toi. Il n'y a rien à craindre, crois-le bien; et l'expérience de 1820 ne sera pas perdue de sitôt!

Ce qui a donné lieu à cette alarme, le croirais-tu? La robe de la fille du libraire Puzziello a pris feu en plein midi un dimanche à Tolède et trois ou quatre autres accidens semblables en quinze jours de temps ont mis tout Naples en émoi. Ces combustions, dont on n'a pu découvrir la cause, sont en effet assez mystérieuses pour mettre en branle l'imagination et pour répandre l'effroi parmi nos dames qui ne sortent guère plus *au soleil;* mais quel rapport peuvent-elles avoir avec la politique?

Sont arrivés simultanément les Lablache, les Thalberg, M. et Me Panseron et cet excellent Bénédict. Panseron (1), par un mouvement reconnaissance bien rare, a pris plaisir à me raconter comme quoi, devinant sa détresse momentanée en 1824, tu lui avais glissé 20 louis

(1) Panseron, professeur de chant au Conservatoire de Paris.

dans son chapeau. J'ignorais ce trait d'autant plus méritoire que nous aussi nous n'étions pas alors sur des roses.

27 Novembre

Après demain Thalberg (1) donne un grand concert. Il nous a engagés il y a quelques jours à une délicieuse soirée chez lui. Quel admirable talent! Lablache s'y trouvait aussi et a chanté plusieurs ariettes, entr'autres ma *Ricciolella*.

As-tu lu dans la *Revue de Paris* ce que dit de Musset de mes chansons napolitaines? C'est dans le second article de *Naples en 1843*, il me semble (Novembre).

20 Janvier 1844

Bien des choses aux Lablache. Dites-leur qu'Henri (2) se porte à merveille et solfie du matin au soir, que Thalberg a dû donner hier son concert au théâtre Carolino de Palerme et sera de retour le 4 Février et qu'on vient de donner avec un succès fou au théâtre S. Carlino *Gli appassionati di Thalberg* et que j'y suis même nommé. La comédie très est amusante (3).

Caterina Cornaro de Donizetti vient de faire à San Carlo un fiasco épouvantable (4).

(1) Le séjour de Thalberg à Naples a valu à cette ville un pianiste de premier ordre, Beniamino Cesi, qui été son élève et qui a longuement étudié avec lui.

L'école de piano était à cette époque représentée à Naples par Coop et Cerimele, comme elle l'est actuellement par B. Cesi et par G. Martucci, le *leader* si bien connu de la *Società Orchestrale di Napoli*.

(2) Henri Lablache, fils du grand chanteur.

(3) Le célèbre romancier Charles Dickens, qui se trouvait à Naples à cette époque, assista probablement à cette représentation. Voici ce qu'il écrit à sa sœur: « Al « *San Carlino* trovai negli attori una tale potenza e una tale verità nel cogliere « e nel riprodurre la vita del paese che io non credo che questo teatro, nel suo « genere, possa aver rivali in alcun luogo del mondo (*Pictures from Italy*).

(4) La *Caterina Cornaro* eut pour interprètes à S. Carlo la Goldberg, Fraschini et Coletti. Cet opéra fut joué un an après au théâtre de Parme avec la Barbieri-Nini, Iwanoff et Varesi.

Vienna 31 Gennaio 1844

Caro amico

Fiasco? E fiasco sia! Ma che si dica che la musica della *Caterina Cornaro* non è mia o l'ho fatta dormendo, o per vendetta contro l'Impresa, no!

Ne assumo tutta la responsabilità, la colpa ed il castigo.

Perchè l'avrei fatta fare da altri? Non ho forse avuto il tempo? Perchè dormendo? non lavoro forse con facilità? Per vendetta? poteva io essere ingrato verso un pubblico che mi ha sofferto per tanti anni?

No! Può darsi che il genio, la pratica, il gusto m'abbiano ingannato o mi sien del tutto mancati; ma che scenda a cose vili, a nascosti inganni, giammai . . . . Avrei creduto che varii pezzi non meritassero tutto il biasimo scoppiato, che nei duetti, il quartetto.... Ma che serve ora il parlarne? Non fo che versar nuovo sangue dalla piaga . . . . Addio.

Il tuo
GAETANO DONIZETTI

29 Avril 1844

Seulement deux mots à la hâte pour te recommander M.Scialoja (1), jeune homme du plus grand mérite qui donne par pure amitié depuis plusieurs mois des leçons de droit et d'economie politique à Théodore, avec lequel il prend leçon d'allemand. Il est aussi depuis quelque temps mon avocat exclusif.

17 Mars 1845

Je mûris de grands projets et probablement viendrai-je sous peu à Paris pour sonder le terrain. Si j'y voyais jour à l'avenir de mes enfans, en vérité je lèverais mes tentes et au moins serions tous réunis!

(1) Scialoja devint un des personnages les plus marquants du nouveau Royaume d'Italie, Député, Sénateur et Ministre des Finances.

Pour ce qui regarde les relations que G. Cottrau eut avec les notabilités de son temps, consulter surtout le livre de *Lyliceus* (Eduardo Cerillo) *Ricordi biografici napoletani* (Marghieri 1882).

Ce pays-ci est funeste à toute supériorité d'intelligence. Tout y détériore et l'avenir est de plus en plus sombre.

Adieu! ne nous reverrons nous donc plus! C'est bien triste et nous sommes bien sots de nous séparer pendant le peu de jours d'un voyage aussi court!

21 Avril 1845

Si tu savais combien depuis quelque temps je fais de châteaux en Espagne ou plutôt à Paris, en me préoccupant de l'avenir de mes enfants dont les dispositions heureuses étoufferont ici sous l'enorme cloche qui nous oppresse. Pourtant l'idée de m'en séparer, peut-être à jamais, m'effraie!

11 Décembre

Je vous envoie un cahier de 20 nouvelles chansons napolitaines Lina trouvera ces dernières mélodies bien peu originales, mais c'est la faute du changement de goût depuis le prodigieux succès de *Te voglio bene assaje*. Il m'a fallu bon gré malgré m'y soumettre. Hormis *Luisella*, *Tiritomba*, *Trippole trappole* (arrangée par Jules) et *O primm' ammore*, toutes ces chansons, si je ne me trompe, sont de mon crù, qui s'appauvrit bien, je ne me le dissimule pas, avec l'âge (1).

24 Décembre

Je ne pourrai jamais assez te dire combien les détails où tu entres sur l'éducation de mes enfans et ta sollicitude pour leur avenir nous ont attendris, et aussi ce que tu nous dis du vif intérêt que prennent à nous les Cheuvreux. Malheureusement je ne vois pas comment utiliser ce bon vouloir. Toutes les industries sont sans doute honorables, mais pas au même dégré. Ce dégré se mesure au plus ou moins d'intelligence et d'emploi de nobles facultés qu'elles exigent, au plus ou moins d'indépendance dont elles s'entourent, au plus ou moins

(1) Dans ce recueil figure une charmante mélodie *Carmenè sto into cca.*

d'égards qu'elle attirent de la part de ceux avec lesquels on se trouve en contact journalier etc. etc.

Or, la vente au détail — par quelques accessoires brillans, par quelque faux semblans de dignité qu' elle soit relevée dans un magasin de premier ordre à Paris — me semble placée au dernier dégré de cette échelle, surtout pour de jeunes adeptes qui ne sont pas poussés par un devoir impérieux, tel que celui de donner du pain à leur famille, surtout dans un magasin de nouveautés. Pour des livres, de la musique, des instrumens, des objets d'art etc. encore passe.

Tu te rabats sur la commission. Elle est sans doute moins avilissante, passe-moi le terme ; mai encore que de déboires, que de mauvais accueils à endurer! quelle société à fréquenter! etc. Et puis il faudrait au moins avoir une aptitude bien prononcée pour ce genre d'affaires, être d'un caractère insinuant, enjoué, habile à flatter, endurant, et surtout avoir un instinct de goût pour les moindres détails de la toilette, un respect pour la mode etc. — Or je ne découvre rien de cela dans aucun de mes enfans qui sont de francs écoliers, très peu soigneux du dehors, on ne peut moins dissimulés ou même réservés, n'appréciant pas la fortune et ne s'occupant même guères des futilités de la *fashion*. Or, règle générale et sans exception pour moi, il n'y a de bonne spéculation *à la longue* (cette restriction est nécessaire) que celle pour laquelle on se sent de l'instinct ou au moins une aptitude prononcée.

Pour le commerce en grand, pour l'industrie manufacturière ou même celle de la librairie, de la musique, pour l'agronomie ou la mécanique, c'est autre chose.

Georges Meuricoffre, qui est Consul de Hollande, vient de m'envoyer le *Journal de la Haye* du 26 Novembre, où il est question de Félix avec les plus grands éloges, de sa belle copie de *La leçon d'anatomie* du Rembrandt (1), de deux visites du Roi, de ses paroles flatteuses, de sa commande d'un grand tableau.

Tu peux te figurer notre enchantement.

(1) Ce tableau fut commandé pas le gouvernement français : il se trouve à l'Ecole de Médecine à Paris.

2 Mars 1846

Manula, professeur d'Anatomie à l'Université de Naples, que je n'avais pas vu depuis nombre d'années, vient de me léguer en mourant 3000 francs environ par reconnaissance des bienfaits de notre père, qui lui avait ouvert en 1809 la carrière où il s'est illustré.

31 Mars

Ce bout de lettre te sera remis par Théodore Ghezzi, peintre d'un talent distingué et intime ami de Donizetti qu'il va prendre à Ivry pour nous le ramener, si le pauvre Maestro se trouve en état d'entreprendre le voyage. Ghezzi est un excellent garçon dont tu te souviendras probablement. Tâche de voir avec lui Donizetti et de lui dire bien des choses affectueuses de notre part.

Pauvre Donizetti!

1re Avril

Je t'avais écrit hier une assez longue lettre, mais je viens de la déchirer, car elle entrait dans des détails trop tristes sur la disposition d'esprit où je me trouve depuis le malheur qui nous a frappés (1), auquel pourtant je ne puis l'attribuer entièrement, mais qui a donné à mes pensées, par le concours de plusieurs circonstances fâcheuses et surtout de la maladie de ma femme, une direction de pessimisme, de découragement et de préoccupation pour l'avenir de mes enfants, de ma veuve, de vous deux, tout opposée à ma précédente manière de voir. Mes efforts pour détourner cette triste direction sont inutiles et je suis devenu d'une mélancolie qui afflige ma famille. Je ne sais en vérité si le moral influe sur le physique ou viceversa. Le fait est que j'ai perdu le sommeil et l'appétit et que je me sens rapidement vieillir. Et pourtant le bonheur domestique - que peuvent donner une compagne affectionnée, d'un admirable dévouement et des enfans bons,

(1) Sa mère était morte le 4 Janvier 1846, M.me Adelaïde Cottrau, née Girault d'Egrefeuille.

La famille Girault compte des savants et des hommes de lettres, entr'autres Girault Duvivier, l'auteur de la célèbre *Grammaire des grammaires*. Elle est alliée aux Bertin de Vaux et au Comte Gobert.

étudieux, affectueux, attachés à leur devoir, m'entourant de leurs caresses - est auprès de moi ! Comment suis-je assez ingrat envers la Providence pour ne pas le goûter comme autrefois? C'est que leur avenir absorbe toutes mes pensées et que je ne me fais plus d'illusions sur celui que Naples peut leur offrir. Hélas ! J' aurais dû y penser il y a quelques années lorsque je me sentais la force et la confiance que l'âge affaiblit chaque jour. Alors j'aurais pu plier bagage avec ma petite tribu et vous rejoindre. Mais à présent..... Mais ne voilà-t-il pas que, malgré moi, après avoir déchiré ma première lettre, je retombe dans mes épanchements mélancoliques! A quoi bon? À vous affliger davantage et à vous décourager vous deux, êtres chéris, qui êtes aussi deshérités de la fortune ! Pardonne-moi, cher Félix, mais le temps me manque pour recommencer une autre lettre et il m'en couterait trop de dissimuler avec vous. J'espère vous annoncer bientôt que mes papillons noirs ont disparu.

Remercie le Comte de Baussancourt pour sa bonne lettre... Combien nous désirerions revoir cette excellente et si aimable famille ! Mais nous ne voudrions acheter ce bonheur par ordonnance de médecin.

28 Octobre 1846

On repète a S.t Charles un nouvel opéra de Mercadante *Gli Orazi*, dont le succès me parait immanquable. J'en ai la propriété, et tout le monde aux répétitions m'en attribue le *buono augurio*. Il faut dire aussi que la Frezzolini (1) est une admirable chanteuse. Tu croirais l'entendre avec un peu plus d'étendue dans les notes aigües et un peu moins de charme dans le medium qu'elle a voilé. Je t'enverrai ces jours-ci la cavatine qui est charmante.

(1) Erminia Frezzolini, née à Orvieto en 1819, vient de mourir à Paris (le 5 novembre 1884). On trouve dans les journaux parisiens beaucoup de détails biographiques sur cette célèbre artiste. « Lorsqu' elle arriva parmi nous (écrit le « *Gaulois*) accompagnée par Baroilhet, qui l'avait décidée à quitter Madrid, elle « fut du premier coup considérée par les habitués comme la reine de la salle Ventadour. Une cour se forma autour d'elle; le Prince Poniatowski, Mario avec lequel elle voulait toujours chanter, Cottrau, le comte Walewski, le marquis Arconati-Visconti, le baron de Saint-Amand, la comtesse Malvezzi, le princesse « Ouroussoff, qui tenait maison de bel esprit et qui s'y connaissait, la placèrent « sur le pavois. Les belles soirées d'alors dans ce théâtre Italien ! »

29 Octobre 1846

Cher frère

Tu ne parais avoir guère l'envie de venir ici et en vérité, je le redoute presque à cause de tes opinions et de l'extrême franchise avec laquelle tu es habitué à les énoncer. Tu ne peux te faire une idée de notre abrutissement ici. C'est moi qui éprouve des aspirations plus vivaces que jamais vers la France, surtout dans l'intérêt de mes enfans qui ne peuvent que s'étioler ici.

La Frezzolini a chanté avec beaucoup de succès dans un concert à la *Sala Monteoliveto* ma chanson napolitaine *A core a core cu Raziella mia* qui se trouve dans le dernier recueil que je t'ai envoyé (1).

(1) Florimo a aussi composé sur les mêmes paroles *A core a core cu Raziella mia* un air qui a paru presqu'en même temps que celui de Guillaume Cottrau. Bien entendu les deux morceaux sont tout-à-fait différents l'un de l'autre.

Les personnes qui s'imaginent que toutes les chansons napolitaines sont sorties de la bouche du peuple et que tel et tel *maestro* n'ont fait qu'arranger le motif populaire et s'en sont attribué la gloire, verront par là combien leur théorie est sujette à erreurs.

Voilà Florimo et Cottrau qui font une musique absolument différente sur le mêmes paroles: si le *motif* avait été populaire et que ces deux compositeurs l'avaient tout bonnement transcrit, la même mélodie aurait percé dans les deux musiques; mais, répetons-le, il n'y en a rien.

Beaucoup de *maestri* se sont adonnés à ce genre de compositions de 1840 à 1848, Florimo, Labriola, Biscardi, Sarmiento; mais celui qui a donné l'élan, celui qui le premier s'est occupé de ce genre de compositions c'est Guillaume Cottrau, l'auteur des *Passatempi Musicali* publiés pour la première fois en 1826, recueil dans lequel se trouvent évidemment les plus belles chansons, comme *Fenesta vascia e patrona crudele, La festa di Piedigrotta.* Cette appréciation est partagée par la généralité des critiques musicaux, par A. Pougin (dans la *Biographie Universelle des Musiciens*), Achille de Lauzières, G. A. Biaggi, G. Roberti, C. Caputo, Van Elewych, Masutto (*Biografie dei maestri di musica contemporanei*).

Citons aussi Marc Monnier (qui dans son livre célèbre *L'Italie est-elle la terre des morts* a mis en relief le rôle important qui revient à Guillaume Cottrau, et par conséquent à l'Italie, par la publication de ses compositions musicales) et un homme de lettres très éminent, Angelo de Gubernatis, qui, dans son *Dizionario biografico degli scrittori contemporanei* appelle avec une grande justesse d'appréciation Guglielmo Cottrau *compositore anzi primo inventore d'una serie di canzoni del genere che fu poi detto delle canzoni popolari napoletane.*

Naples 18 Février 1847

à Madame la Princesse de Torella (1)

Madame

Ma faible participation à l' œuvre charitable placée sous votre digne patronage est dès à présent payée bien au delà par ce que vous daignez me dire de flatteur; aussi, loin d' espérer en trouver plus tard *là-haut* la recompense, comme vous dites, ai-je à me tenir en garde contre un sentiment de vanité qui pourrait tourner contre moi à ce moment redoutable.

Ai-je besoin d' ajouter que vos prescriptions pour le concert seront aussi ponctuellement exécutées qu' il dépend de moi ?

. . . .

Permettez moi, Madame, avant de finir, de vous remercier du fond de l' âme pour le touchant souvenir dont vous honorez la mémoire de mes parents. Je n' ai pas oublié l' aimable invitation que vous fites, il y aura bientôt neuf ans, à ma mère (enlevée depuis à ma tendresse) et à ma sœur qui ne purent pas en profiter. Cette dernière me fait espérer une seconde visite l' été prochain et elle ne manquera pas sans doute, si ce projet se réalise, de se dédommager de cette privation et alors, si vous le permettez, je prendrai la liberté de l' accompagner.

En attendant veuillez bien agréer, Madame, l' assurance de mon respectueux dévouement.

(1) Grâce aux soins de la Princesse Torella et d'autres dames napolitaines on organisa un très beau concert de bienfaisance à la salle Monteoliveto à Naples. M. Cottrau proposa de faire exécuter le *Stabat Mater* de Rossini par la Frezzolini, Fraschini et Coletti, sous la direction de Mercadante.

Mercadante composa à cette occasion une ouverture sur le plus beaux thèmes de l'œuvre magistrale de Rossini.

5 Mars 1847

. . . Oui viens, chère sœur, prends-en la ferme résolution, viens nous voir cet été. L' affection dont nous t' entourerons tous, les joyeux ébats de nos bruyans enfans, leurs danses chaque soir en sortant de la table, la musique, quelques excursions à Sorrento, à Amalfi, à la Cava, à Caserte où l' on se rend maintenant si facilement par le chemin de fer, les souvenirs d' enfance que tu trouveras semés à chaque pas, tout cela ne fera-t-il pas percer un rayon de joie dans ton cœur brisé? Fais-en au moins l' essai. Cela en vaut bien la peine; et si tu t' y trouves bien, pourquoi n' y pas planter ta tente?

5 Mars

Le Duc de Montebello (1), je crois te l'avoir déjà dit, m'a souvent engagé de la manière la plus aimable d' aller prendre chaque soir le thé chez lui, mais en vérité, n' allant pas depuis longtemps dans le monde, je me trouve comme dépaysé au milieu de la haute société qui fréquente ses salons. Il parait que tu ne l' as pas vu pendant son dernier séjour à Paris, lors de l' ouverture des Chambres. . . . Il est revenu en quatre jours et demi de Paris au reçu d' une lettre par laquelle sa femme enceinte de sept mois lui exprimait des craintes au sujet d' un accouchement prématuré. Là dessus il a pris la poste et n' ayant pas trouvé à Marseille de bateau prêt à partir, il en nolisa un pour venir directement en 45 heures, au prix de 12,000 francs..... On l' a beaucoup blâmé de ce qu' on appelle sa prodigalité, surtout parmi les riches, les banquiers. Les pauvres d' esprit comme nous pensent différemment !

27 Septembre

Il me semble qu' il y a assez longtemps que je ne t' ai écrit. Ce grand catalogue dont je t' ai parlé, m' a mené tambour battant sans relâche pendant plus de quatre mois. Enfin il vient d' être ter-

(1) La Duc de Montebello, Ambassadeur de France à Naples.

miné et . . . le croirais-tu? J' éprouve déjà le besoin de trouver une autre occupation qui absorbe tous les momens que me laissent mes affaires habituelles. — A part l'utilité, qui sans contredit doit être le premier stimulant de cette activité, j' y cherche une distraction forcée à un nouvel accès de mélancolie, je dirais presque physique, qui me menace, car aucun nouveau chagrin n' y donne lieu, si ce n' est les approches de la vieillesse, dont je ressens chaque jour les atteintes et une préoccupation toujours croissante sur l'avenir de ceux que je dois bientôt abandonner. Quel essor peut prendre leur talent, car ils en ont tous, dans un pays comme Naples?. . .

Lettre de Madame Jenny Cottrau (1) *à sa belle-sœur à Paris*

9 Novembre 1847

Chère Lina

Par un devoir que je consacre à la mémoire de cet être que j'ai tant aimé et que j'ai perdu à jamais, je ramasse le peu de force qui me reste pour vous écrire quelques lignes. La grossesse va bien et c'est un miracle de la Providence, car mon désespoir était de nature à me faire mourir sous le coup: et je vous avoue que pendant plusieurs jours je ne savais même plus prier le Seigneur, qui a voulu m'éprouver d'une manière si cruelle: en vérité je n'osais me secouer de mon stupide étourdissement. Les devoirs de mère me rappellent à la vie, cette vie qui dans le cours de vingt deux ans n'a eu d'autre but que de le rendre heureux! cette vie qui lui était toute dévouée! Enfin ma tendresse pour lui était inexprimable, elle était extrême, et s'il me reste une consolation, c'est justement de penser que Lui seul

(1) Mad.me Jenny Cottrau, qui fut une épouse et une mère de famille exemplaire, portait un nom célèbre dans l'histoire de Naples; son grand père avait été le cousin du célèbre Domenico Cirillo qui mourut sur l'échafaud en 1799.

a toujours formé mon bonheur; et maintenant mon cœur est tellement ulcéré et mon âme navrée, qu'il me semble que la Providence doit venir à mon secours et me donner cette résignation que j'implore pour pouvoir supporter tout le poids de mon infortune.

Mon mari depuis quelque temps souffrait du mal du pays, il ne revaît que la France et ses idées se portaient même à l'espoir de s'y établir un jour. Et quel n'était aussi son désir de revoir son frère et sa sœur chérie! Oui, il se berçait de l'espoir de pouvoir vous embrasser l'été dernier; aussi a-t-il été vivement contrarié de ce que ce projet n'aît pu se réaliser et c'est de votre réponse négative en Juillet dernier que date la morne tristesse qui depuis ne l'a pas quitté un instant. On aurait dit qu'un secret chagrin minait sa santé. Son manque d'appetit, de sommeil, ses rêves affreux, me préoccupaient sans cesse, et aussi le besoin impérieux qu'il éprouvait d'avoir un travail assidu, sans relâche. J'en parlai à notre docteur : il se moqua de mes appréhensions : mon mari en rit aussi.

Le mois d'Octobre arrive; mon mari fit mille projets d'amusemens à procurer à nos enfants pendant leurs vacances, mais une force majeure l'enchaînait à ses idées tristes et à ses occupations habituelles et presque aucun de ses affectueux projets ne se réalisa. Ce fut dans ce temps-là qu'en travaillant aux comptes il s'aperçut que la personne dans laquelle il avait mis toute sa confiance depuis onze ans, l'avait indignement trahi! .... Sa tristesse augmenta au point que même son caractère si ouvert, si expansif, en fut atteint. Une fois rentré chez lui, à l'heure du dîner, il n'avait plus la force de sortir : plus de théâtre, plus de promenades; il était absorbé dans les chiffres et espérait toujours s'être trompé sur le compte de X....

..... Depuis lors sa mélancolie ne fit qu'augmenter et d'une manière effrayante jusqu'à la veille du jour funeste où je l'ai perdu.

Nous passâmes cette soirée tout seuls ensemble comme de coutûme, lui à son travail dans son bureau et moi, après avoir couché les enfants, je vins près de lui, mais le voyant très occupé, je me retirai dans ma chambre où je passai le reste de la soirée; vers minuit il vint pour se coucher; il était morne, silencieux! À son aspect, je ne pus retenir un cri d'effroi, car ma fantaisie préoccupée et exhatée

exaltée

me fit entrevoir une auréole qui semblait entourer sa tête et cependant j'eus honte de ma faiblesse et ne voulus rien lui dire.

Le lendemain vers cinq heures, il se leva: il écrivit à son associé une longue lettre qui lui coûta bien des efforts, car, en le priant de renvoyer X. . . . . . il ne voulut lui faire part de ses soupçons; il se borna à alléguer un prétexte. Cette lettre il me la fit lire vers neuf heures pendant que nous déjeunions et je remarquai qu'il était plutôt gai; entr'autres choses il me dit qu'il voulait absolument que je sortisse dans la journée pour prendre l'air et qu'il serait venu me chercher en voiture. Il me dit adieu bien à la hâte et partit.

Une heure après j'entends ouvrir la porte avec le passe-partout; je frémis et, entraînée par un pressentiment fatal, je me précipite dans l'antichambre où je vois Théodore (1) tout pâle ramenant son père qui, à mon air épouvanté, *ne t'effraie pas, ma chère* — me dit-il — *ce n'est rien, ce n'est pas aussi grave que l'année dernière.*

Hélas! médecines, saignées, toutes sortes de soins lui furent prodigués inutilement. . . . . Au bout d'une demi-heure il commença à estravaguer et finit par ne plus donner aucun signe de vie.

Il eut cependant quelques momens de lucidité: une heure après qu'il fut couché, il prit ma main et il la baisa deux fois.

Ah! si j'avais seulement pu soupçonner que tout était fini, je serais tombée morte près de lui, mais tous ceux qui l'entouraient, les médecins surtout, prenant mon état en pitié, parvinrent à me cacher si bien l'affreux malheur que je ne me doutais de rien.

Hélas! la réaction, la crise que les médecins attendaient n'eut pas lieu.

Tout nous fut enlevé . . . tout a été consommé dans l'espace de quatre à cinq heures!

(1) Théodore (dont on a déjà parlé aux pages 17, 30, 64 et 82) né le 7 Décembre 1826 et mort le 30 Mars 1879, est l'auteur de très belles chansons napolitaines, entr'autres de *Santa Lucia* et de *Addio mia bella Napoli.*

TABLE ALPHABÉTIQUE DES MATIÈRES

PAR NOMS D'AUTEURS, ARTISTES, etc.

www.ingramcontent.com/pod-product-compliance
Lightning Source LLC
LaVergne TN
LVHW020026170826
845678LV00001B/128

* 9 7 8 2 3 2 9 7 5 8 4 1 1 *